半个世纪建院情

黄光腾

马国馨 著

半个世纪建院情

南礼士路 62 号

生活·读书·新知 三联书店

图书在版编目（CIP）数据

南礼士路 62 号：半个世纪建院情 / 马国馨著 . 一北京：
生活·读书·新知三联书店，2018.10
ISBN 978 - 7 - 108 - 06351 - 9

Ⅰ.①南…　Ⅱ.①马…　Ⅲ.①建筑师－生平事迹－中国－现代
Ⅳ.① K826.16

中国版本图书馆 CIP 数据核字（2018）第 145303 号

责任编辑　唐明星　曾　恺
装帧设计　康　健
责任印制　宋　家
出版发行　生活·讀書·新知 三联书店
　　　　　（北京市东城区美术馆东街 22 号 100010）
网　　址　www.sdxjpc.com
经　　销　新华书店
印　　刷　北京图文天地制版印刷有限公司
版　　次　2018 年 10 月北京第 1 版
　　　　　2018 年 10 月北京第 1 次印刷
开　　本　720 毫米 × 1020 毫米　1/16　印张 19.5
字　　数　214 千字　图 143 幅
印　　数　0,001 - 7,000 册
定　　价　69.00 元

（印装查询：01064002715；邮购查询：01084010542）

目　录

001　众多家珍细数来

042　我与建院共成长

047　一代大师杨宽麟

058　长留念记在人间

071　故土中华忆揽洪

086　怀念陈占祥先生

096　忆设计大师胡总

104　敢乘东风学少年

117　行业泰斗王时煦

128　深切铭记是师恩

145　热血青年　建筑名师

159　回忆梅葆琛高工

172　忆恩师和引路人

187　敬贺伟成老九十寿诞

201　马到成功忆宋融

207　回忆程懋堃大师

220　贺观张老八十寿

229　绘景留情读画记

235　宽沟廿年巧运筹

242　画品与人品

252　从《城与园》到《城与年》

266　凤凰台上凤凰游

276　和王兵在一起的日子

288　朴实无华见联想

296　筒子楼 22 年记

307　后　记

众多家珍细数来

——建院 55 周年有感

与中华人民共和国同龄的北京市建筑设计研究院（以下简称"建院"）即将迎来她的 55 岁生日，对于这样一个经历了半个多世纪的千人规模的设计院来说，她的历史就是我国和首都建设事业发展的一个缩影，她见证了我国建筑设计行业的前进和壮大；通过广大技术人员的辛勤劳动，建院在祖国大地上留下了大量的物质成果，为社会所熟知，为广大人民群众所使用；建院的技术实力、科研成果、运作经验、创新机制对于整个设计行业的发展和进步也起着重要的推动作用，并在国内外有一定的影响。北京市建筑设计研究院的名字已经成为这一行业的重要品牌。在我国城市化的飞速进展中，尤其是进入新世纪和我国加入世贸组织以后，设计行业面临着千载难逢的大好机遇，同时也面对着空前激烈的竞争，以及如何进一步保持企业的活力和创造力所带来的巨大压力。所以，如何总结建院半个世纪以来的经验和教训，发扬光大建院的一系列优良传统并结合新时期的形势和特点研究如何应对，已经成为十分迫切的课题。笔者虽然在建院工作近40 年，亲身经历了建院的成长和发展，但因对情况了解并不全面，只能结合自己的感受和体会谈些肤浅的认识。

历史悠久

北京市建筑设计研究院的前身是 1949 年 8 月筹备组建的公营永茂建筑公司的设计部，于同年 10 月 1 日正式成立，可称为北京市第一家地方国营的建筑设计部门。至于是不是全国第一家还有待考证，因为在永茂组建的大致同时，也组建过一个中央直属机关修建办事处的设计室，它后来和中央机关的设计单位合并为中央设计院，以后又改名为建工部设计院。有的建筑界前辈的回忆文章中还把 1952 年 1 月筹建的上海市建筑设计公司及四个月后在此基础上成立的华东建筑设计公司称为"全国第一家国营建筑设计院"。建院由于隶属北京市，所以建制和人员一直比较稳定，不像中央机关的设计单位聚散起落。在 1950 年 1 月，当时北京市委书记彭真在北京市解放一周年的大会上指出："（我们的建设）服务于人民大众，服务于生产，服务于中央人民政府。这三个任务是统一而不可分的。"建院的历史也可以说是为中央服务、为人民服务、为社会服务的服务史。现在回想起来，正因为建院地处首都，有着得天独厚的优势，所以有较多的实践机会，并且在设计的过程中有较多的机会直接向中央领导同志汇报工作，接受有关领导同志的指导意见或见诸文字的批示。在其他设计院的历史上，恐怕很难找到这样多、这样具体的指示和谈话。尤其经过时间的考验和实践的检验，这些真知灼见更体现了老一辈革命家的睿智，这是建院历史上一笔十分独特而宝贵的财富。

1952 年 8 月 20 日中共中央在对全国建筑工程第一次会议总结报

告的批示中指出："必须注意适用、安全、经济的原则，并在国家经济条件许可下，适当照顾建筑外形的美观，克服单纯追求形式美观的错误观点。"在这一阶段，随着国民经济的恢复和第一个五年计划的开展，建院在首都完成了一大批与国计民生有密切关系的民用建筑，如高等院校、医院、宾馆、办公楼、商场以及居住小区等。随着筹备庆祝建国十周年，北京除改造天安门广场外，还要兴建十大建筑，这十大建筑中有八个是由建院设计的。这不但为建院技术水平和服务水平的提高带来了机遇，同时也使大家有更多的机会了解有关领导的意图，听取他们的指导意见。在国庆工程建设中周总理多次亲自听取汇报，从总体到局部与各个细节事必躬亲，前后做了多次重要指示，对于设计人员的成长也关心备至，给建院人留下了深刻印象。

周总理指示："我们修建国庆工程项目时，注意解决人民居住问题，不能像旧社会那样，只顾追求表面上的繁华，而不顾人们的实际困难。"（1959年2月28日）"好社会主义之大，急社会主义之功。不是追求无目的之好大喜功，仍旧要贯彻党的适用、经济、美观的原则，做到'大而有当'，不能'大而无当'。"时任中共中央书记处总书记的邓小平同志也指示："修建中要贯彻少而精，质量要好，艺术要精。"(1958年9月5日)正是在这种思想指导下，大会堂原计划规模七万平方米，但随着使用要求的增加和设计人员的大胆创新，形成了以万人会堂、5000人宴会厅和全国人大常委会办公场所三部分为主的庞大群体，最后达到了17万平方米，从使用实践结果看，基本上满足了几十年来各种复杂的活动要求和发展，验证了当时决策的远见。与此同时，为了保证重点国庆工程项目，也及时决定推迟原计划

上图：中国人民革命军事博物馆

中图：民族文化宫

下图：中国革命历史博物馆

兴建的科技馆、美术馆、国家剧院和电影馆等工程的建设。

周总理还提出"要以人为主，物为人用"。对于万人会堂的处理方式，周总理说这是讨论国家大事的地方，应该庄严、朴素、明朗、大方，不能按歌舞剧院的形式处理；在形式和内容上应该以人为主，一切从人的观感、舒适、卫生、安全出发，以简洁、干净为宜。彭真同志也说：我们搞的建筑应体现"以人为主""为人民服务"，要"物为人用"，让人心情开朗、精神舒畅；要庄严雄伟，但不能让人有走进故宫的感觉（1958 年 10 月 11 日）。当时许多建筑师提出对尺度失衡的担心，提出应避免像意大利罗马圣彼得大教堂那样大比例、大尺度的使用。周总理就启发说：建筑的规模和尺度再大它也是从属于人，应以人为主，应在靠近人的地方以正常尺度处理细部，使物从属于人，而人应是物的主人。对人民大会堂立面处理、列柱及柱础的分段做法上就充分考虑了这一点。

周总理还指示："留有余地，不要想把文章一次做绝。"他尤其关注安全问题。当时针对大会堂的第二、三层挑台分别挑出 20 多米和结构设计经验不足的情况，周总理专门把负责国庆工程的万里、赵鹏飞和沈勃（时任建院院长）同志找去，提醒他们在延安举办七大庆祝晚会时，由于楼座上的观众涌向挑台前沿而引起挑台垮塌的事故，应引为鉴戒，并反复嘱咐："一定要抓好大会堂的结构安全问题，否则，就会在全世界造成很坏的影响。"为此专门成立了结构安全小组，邀请全国的结构专家对宴会厅的抗震及万人会堂的挑台安全进行了审查，提出改进措施。另外，周总理还提出万人会堂、5000 人宴会厅的紧急疏散必须认真计算，保证短时间内清场。同时在工期紧张的情况下，周

上图：人民大会堂

下图：北京华侨大厦

总理也提出可先保证会堂和宴会厅使用，全国人大常委会办公场所推后，即"一年建成五年修好就可以"的留有余地的方案。在具体设计中留有余地的思想也为此后的改扩建、更换材料和设备创造了条件。

周总理的另一个重要思想就是："要古今中外，一切精华兼收并蓄，皆为我用。中国人民之所以伟大，就是因为我们能吸收世界一切好的东西。"他认为：中外古今的名建筑物，无论是在东方或是西方，是奴隶社会、封建社会或者是近代资本主义社会，无论是为统治阶层服务的宫殿庙宇或是为平民百姓居住的住宅等，都是历代劳动人民的智慧结晶和劳动成果，这在当时为统一设计思想指明了方向。

周总理和彭真同志还多次讲过"画菩萨"的故事。早年的菩萨是有两撇胡子的印度人形象，群众不满意，画家就张画于市，而自己躲在后面听取各种评论，经反复修改，而成为当今群众比较喜爱的形象。这个故事就是说明执笔者必须倾听群众的不同意见。周总理就是这样身体力行的。在大会堂建设过程中，他多次邀请专家群策群力、共商大计，并仔细听取各种意见尤其是反对的意见，而最后拍板决定。像万人会堂超大空间的室内处理，他不但提出了墙面和顶棚浑然一体、水天一色、满天星斗的设想，而且在比例为1∶10的模型内外反复观察、琢磨，提出中肯的意见。即使外墙面剁斧石的粗细不同做法，也要做成样板后听取各方的意见。

建院承担的一系列国庆工程的质量在周总理等中央领导的关怀指导下，把握住了正确的方向和方法，取得了可喜的成绩。周总理写道："北京的人民大会堂这样大的建筑共用了十个多月的时间就建成了，它的精美程度，不但远远超过我国原有同类建筑的水平，在世界上也是属于第一流的。"在国庆工程庆功会上，周总理在给建院张镈总建筑师敬酒时说："我很满意，给你们打个五分。"这是对 20 世纪 50 年代建院广大设计人员的最大肯定和鼓励。

20 世纪 70 年代，首都机场有扩建的需求，周总理在听取建院候机楼（今 1 号航站楼）的方案汇报时说："搞得太大了、太堂皇了不好。要经济、朴素、实用、明朗，不要到处搞灯光。今天给你们泼冷水，我不赞成太浪费。不符合主席思想。"（1971 年 11 月 9 日）这是他的一贯思想，同年在对故宫端门彩画作法批示时写道："要实用、经济、朴素、美观。"

在 1972 年北京饭店准备改扩建时，周总理以带病之身倾注了极大的心血。据当时的总建筑师张镈回忆，周总理曾指示："设计人员必须至少具备三个观点：一是实践观点，二是群众观点，三是全面观点。"具体到北京饭店工程，张总体会：实践观点就是号召北京八大饭店位于一线工作、有丰富实践经验的同志来共同论证方案的内容，要集中各方面亲身体会的优点，努力避免和克服各种缺点；群众观点除了体现群众的智慧和力量是无穷的，应全心全意为人民服务外，还应有针对性的服务观念，为在饭店工作的职工创造适宜的工作、休息、学习和居住的场所；而全面观点则指要从城市规划、交通停车、市政设施、绿化布置等方面做到统筹兼顾、全面安排。

1976 年北京前三门大街的沿街高层住宅开始兴建，建院派出了六个设计室的设计人员和一建、二建、三建、五建、六建及中建一局组成三结合小组。重新主持中央工作的邓小平同志对事关百姓生活的住宅设计也十分重视。1978 年 5 月 20 日他在视察前三门住宅时，仔细

北京饭店

询问了房间大小、层高、抗震设防等，观看了门窗、阳台、厨房和卫生间，认为电梯间外的公共面积过大，室内面积偏小，洗衣机没有地方放。他指出："要请一些会挑毛病的人来提意见，研究一下怎样把住宅修建得更好一些，今后修建住宅楼时，设计要力求布局合理，适当降低层高，增加使用面积，更多地考虑住户方便，尽可能安装一些淋浴设施等。要注意内部装修美观，多采用新型轻质建筑材料，降低房屋造价。"这是对建院住宅设计工作的鞭策。

1990年9月第十一届亚洲运动会在北京召开，为了迎接这一盛会，建院承担了国家奥林匹克体育中心和亚运村以及另外两个体育馆的设计和若干场馆的改扩建任务。在1990年7月3日，86岁的邓小

国家奥林匹克体育中心

平兴致勃勃地参观了国家奥林匹克体育中心，在体育场的高架平台上他说："我这次来看亚运体育设施，就是来看看到底是中国的月亮圆，还是外国的月亮圆？看来中国的月亮也是圆的，而且圆得更好一点。"他还语重心长地说："现在有些年轻人总以为外国的月亮圆，对他们要进行教育。"最后邓小平同志还说："亚运场馆设施建设得这么好，我们一定要申办奥运。"邓小平同志的民族自豪感不但深深激励我们，而且也是继人民大会堂之后，中央领导同志在 20 世纪 90 年代对于建院及其广大技术人员的又一次肯定。

　　以上只是摘录了周恩来和邓小平等领导同志对于建院的工程项目和设计的一些指导意见。实际在建院 55 年的历史中，因工程和其他原因涉及的中央领导同志很多，他们的指示、谈话以及批示等还有很多，还没有专门系统地收集和整理。尤其当前在全面实现小康社会，树立全面协调可持续发展观的任务中，如何处理人与自然、人与社会的和谐互动，如何坚持质和量的统一，处理建设、资源和效益的关系，如何树立以人为本、全面发展，在社会发展过程中的五个统筹以及发展模式的选择等重大问题面前，重温革命前辈对于建院工作的一系列指示，更会感受到它们的历史和现实意义。更需要我们珍惜和理解这些宝贵的精神财富，它不仅是属于北京市建筑设计研究院的，也是属于我们整个行业和社会的。

资源雄厚

建筑设计行业是一个极具个性特色的行业，它与建筑业的其他行业以及设计行业的其他领域都不相同。除了知识密集和技术密集的行业特点外，它又是综合多种学科的创造性活动，是技术科学、自然科学、人文科学和造型艺术的结合，是逻辑思维与形象思维的结合，是系统科学化的设计方法与经验的直觉判断相结合的创新过程。因此除了投入必要的资金和设备以外，建筑师、工程师、经济师等智力资源就成为北京市建筑设计研究院得以在半个多世纪中能够不断保持企业的发展活力，能够不断前进、不断拓展的第一要素。通过这些智力资源所体现出的创造力和成果，是建院历史上的光辉纪录（因为国家和政府的评奖是从 1977 年前后才开始的，所以建院目前获奖纪录多是近二十几年来的成果）。如果从另一个角度来观察，建院还创造了许多全国之最，得过许多第一，下面摘录其中一部分并说明主要设计人员：

北京儿童医院（1955 年）。当时是全国最大的儿童专科医院，现在是亚洲最大的儿童专科医院。（第一期设计人：华揽洪、傅义通、郁彦、朱华樑、潘家声。）

北京天文馆（1957 年）。全国第一个设施齐全的科普天文馆。（设计人：张开济、宋融、邱圣瑜、郝凤德、董尚勋。）

人民大会堂（1959 年）。至今保持着全国万人会堂、5000 人宴会厅的纪录。（方案设计：赵冬日、沈其。建筑设计：张镈、朱兆雪、姚丽生、阮志大、郁彦、张浩、刘振宗、那景成、戚家祥、王时煦、单永寿。）

北京工人体育场（1959 年）。可容纳 78000 名观众，在 1997 年以前一直是全国最大的体育场。（设计人：欧阳骖、孙有明、杨伟成、黄守训。）

北京民族饭店（1959 年）。全国第一座预制装配式钢筋混凝土结构的高层旅馆。（设计人：张镈、曹学文、沈清元、胡庆昌、那景成、王时煦。）

北京工人体育馆（1961 年）。国内首次采用双层悬索结构的万人体育馆，直径 94 米。（设计人：孙秉源、熊明、郁彦、虞家锡、胡麟舟、吕光大、王谦甫。）

民航总局办公楼（1964 年）。第一个全装配整体式框架结构的高层办公楼。（设计人：梁震宇、侯光瑜、曹骥、董尚勋。）

右图：北京儿童医院
下图：北京天文馆

上图：北京民族饭店
中图：北京工人体育馆
下图：北京工人体育场

首都体育馆（1968 年）。首次采用室内人工冰场，活动地板及整体平板型双向空间钢网架（90 米 ×110 米）的体育馆，可容纳 18000 名观众，直到目前还保持着国内观众最多的纪录。（设计人：许振畅、熊明、汪熊祥、虞家锡、高爽、杨伟成、吕光大。）

天安门重建（1970 年）。天安门始建于明永乐十五年（1417），清顺治八年（1651）重建，此后虽经 1963 年及 1966 年两次加固，但结构破损变形，抗震性能差，于 1969 年拆除旧城楼依原制重建。（设计人：张承佑、孙任先、关慧英、郑思斌、曹以敏、周松祥。）

广播事业局住宅（1974 年）。全国首栋滑模剪力墙高层住宅。（设计人：何方、朱宝庸。）

富强西里小区（1981—1987 年）。国内首次对 12 公顷，11 万平方米住宅和管网全面采取节能措施，并对能耗和节能效果进行综合分析的小区。（设计人：白德懋、寿振华、于佳琦。）

国际大厦（1985 年）。全国第一栋高度超过 100 米的设施齐全的综合性商住楼。（设计人：顾天籁、单沛圻、吴德绳、于万生。）

中国康复研究中心（1988 年）。全国第一座为伤残人提供医疗、康复、研究、培训，并体现无障碍设计的综合机构。（方案设计：李清云。建筑设计：肖金明、冯全友、郭柏年、李卫国、杨慧明。）

安苑北里北区。全国第一个节能 30% 小区。（设计人：刘益蓉、梁学惠。）

可能还有许多"全国之最"和"全国首次"待进一步整理和发掘。但建院人在这些成果创造过程中所表现出的奉献精神，同样也是建院的宝贵财富。据笔者的体会和观察，这种精神可以集中体现为敬业精神、团队精神和创新精神。

1. 敬业精神

建院的55年历史中先后有超过4000人在这里工作，目前全院有1260名职工。从刚成立时的私人建筑事务所和营造厂的人员、早期的大学毕业生，到1954年从练习生开始的"108将"，建工学校，"七二一大学"以及全国各高校的毕业生，直到海外培训或留学归国人员，构成了建院的人力资源。正是几代人的认真负责、一丝不苟、艰苦敬业才取得了建院辉煌的成绩。

建院有一支思想技术过硬，能打大仗、硬仗的成熟队伍，我们无数次完成国家和地方的各项重点工程、政治任务。老同志都记得20世纪50年代建院的办公楼由于经常灯火通明，彻夜加班而被称为"复兴门外水晶宫"。突出的例子如人民大会堂的建设。大会堂的方案是在1958年10月14日得到批准的，建院在16日组成设计班子投入工作，在21日提出了初步设计方案，26日提出了基础施工图和竖向设计，使工程于28日顺利正式开工，于次年9月10日召开竣工大会，前后只用十个多月的时间建成了17万平方米的巨大建筑。这种"三边工程"实际上为设计人员带来很大困难。因为这需要有全面的技术、超前的思考、丰富的经验、过硬的技术及灵活的应对。这种不尽符合设计客观规律的做法也从另一个方面锻炼了建院人。为中央服务

建院老办公楼（右）及单宿（左）

的"519工程"等是如此，毛主席纪念堂的工程也是如此。1976年11月12日纪念堂设计方案正式确定，11月24日工程开工，并在次年8月全部完工。地方重点工程如厦门为筹备特区庆典，委托建院设计可容纳四万观众的体育场，当年设计，当年按时保质完工。此外，毛主席逝世时天安门的追悼会会场主席台，工人体育场、首都体育馆等需要保证结构安全的政治活动，申办2000年和2008年奥运会的申办文件中场馆建设部分等，都有建院人的身影。为了完成"小三线"、东炼石化区的建设，设计人员长期吃住在现场；为了做好设计的深入调研，设计人员就亲身感受，如火化场设计中浦建源、张春河二人就钻过焚化炉，城区公厕改造时设计人员背过粪桶；有的设计人员因突发疾病，在工作岗位上去世，如巫敬桓、沈一平；有的因工作繁重，贻误了看病的时机而英年早逝，如田万新、魏大中；还有多人带病工作，或重症术后坚持工作……

在相当一段时期里，建院的技术人员是在艰苦、清贫的条件下从事这些不为名、不为利的工作的。技术人员中除一级总工月薪299元，一些老技术人员工资稍高外，其他技术人员当中，大学毕业生月薪55元，中专毕业生月薪48元或37.5元，那时加班加点也没有任何奖金。记得在毛主席纪念堂工地时，指挥部需做一次参战人员的工资调查，最后发现建院的平均工资最低，当时的工程主持人徐荫培月薪48元，结构和设备负责人许月恒和赵志勇月薪37.5元。另外，设计人员的住房条件也很差，长期单元房合住，单宿筒子楼共用。陈占祥住在西直门时，饭桌在夜里还兼睡觉功能，叶如棠（后任中华人民共和国建设部副部长）一家五口挤在小三楼13平方米的房间里，现在的设计大师何镜堂院士一家当年也曾挤在他爱人在建院13平方米的小屋子里。还有不少大学毕业生与家人长期两地分居，只好住在单宿中，有的人直到退休以后，才能回家团聚。还有不少技术骨干就因为分居问题无法解决而调出，如曾哲、王绍豪、王昌焘、娄式镭、陆耀祥、许培祥、谢兴洲、唐文传等；有的因爱人农村户口无法解决而调出，如于继宽、韩文悦、金连生等。他们在外面都成为单位或地方的领导或业务骨干。

在十一届三中全会以前，知识分子是团结、教育和改造的对象，除了建国以来历次重大的政治运动，如"三反五反"（1952年）、"反右"（1957年）、"反右倾"（1959年）、"四清"（1964年）、"文化大革命"（1966年）等以外，还有许多针对建筑设计领域的运动，如反对形式主义和复古主义（1955年）、火烧技术设计上的浪费和保守（1958年）、技术革命和技术革新（1960年）、调整和精简设计机构（1962年）、设计革命（1971年）等。搞运动就难免要伤害一些人，如"反右"运动和"文革"，在原技术领导的总工中就有华揽洪、陈占祥、傅义通、宋融、程懋堃、张镈、白德懋、张德沛、刘开济等都受过不公正的待遇。还有的技术人员在工程中发挥过重要作用，提过主要的构想，但因各种原因，他们的名字并未出现在工程图纸的署名之中。但在落实政策和改正以后他们还是全心投入到自己的事业中，有的还加入了中国共产党。建院先后拥有十名全国设计大师，这在全国设计系统中是十分少见的，此外还有大批全国知名的专家和技术骨干。建院的广大技术人员用自己的敬业精神，用自己的劳动成果证明了"知识分子是工人阶级的一部分"的论断。

在当前的形势下，人才成长有了更为宽松的环境，建筑事业的发展又为建筑师提供了广阔的平台，国门的开放和与国外的交流使我们的眼界也更开阔。当然也面临着新的矛盾，如激烈的竞争、超强的工作压力、智力和体力的透支等，但建院人正用与时俱进的敬业精神创造着新的辉煌。

2. 团队精神

建筑设计是以个人负责和团队工作相结合，并以团队工作为主的创作活动。对于超过千人的建院来说，她属于组织型的设计单位，必须依靠团队的运行机制来保持其持久的创造力和竞争力。这样的单位不会因某个人的去留而影响其整体实力，这与我们常提到的个人明星型的设计事务所有很大的不同。在一些明星建筑师个人决策的事务所中，常因个人的创造力枯竭、人事变更而影响其实力，而当前相当多规模较大的明星型事务所实际运作已经参照组织型的团队工作方式，只不过由于明星建筑师作为老板，而其他建筑师作为受雇人员，用雇佣关系掩盖了团队创作的实质，而表现为明星建筑师无所不能的假象。

长期以来，建院承担了全国大量的重点工程，这些工程规模大、内容复杂、技术要求高，大部分工期很紧，因此要求有责任心强、分工明确、配合默契、能够胜任这些复杂内容的建筑师和专业工程师团队来保证工作的完成，我们还以几个重点工程为例。

人民大会堂工程当时是以一室为主、由60多人组成的团队进驻现场，据当时主管建筑设计的张镈总建筑师回忆：当时规划设计上分成几个小组：由阮志大和姚丽生任工程主持人，宴会厅由田万新负责，宋秀棠、刘克荫副之；中央大厅和万人会堂，其中刘开济负责东门及中央大厅，阮志大负责万人会堂；全国人大常委会办公场所由钱韵莲负责，立面及装修以黄晶为主，辅以孙荣樵、成德兰以及工艺美院的奚小朋和常沙娜等人；而结构由朱兆雪总工负责，结构有郁彦、张浩和李国胜等，设备和电气分别由那景成和王时煦负责，声学设计由马大猷指导。这里面大部分人长期与张镈总合作，彼此有比较好的默契，技术能力上有保障，能够分兵把守而又彼此协调，尤其在周总理和有关领导指导下，加上张总的经验和判断，最终顺利地克服了遇到的各种困难。

　　毛主席纪念堂是笔者在 1976 年参加的一项工程，为了保证该重点工程的顺利完成，建院以四室为主组织了强有力的设计班子。当时抽调了四个设计室的主任或副主任出任工程主持人和建筑负责人，并集中了许多有经验的技术骨干。主持人徐荫培有长期为中央工程服务的经验，同时主要协调各参加单位和地上地下的复杂问题：方伯义负责几个主要大厅装修，并辅以杨芸、巫敬桓、王炜钰、刘力、庄念生、鲍铁梅等人；吴观张负责立面和外檐，加上高亦兰、寿振华、徐伯安、张绮曼等人，马国馨负责各层平面及工地现场协调，还有玉珮珩、邵桂雯、关长存等人；规划由耿长孚负责，吴良镛、崔凤霞、朱燕吉、钟晓青等人参加。此外，结构由许月恒负责，高爽、徐元根、贾沐、杨玉松等参加，设备、电气、经济分别由赵志勇、张云舫、陆时霖负责。这就组成了一个老中青三代结合的高效团队。

　　再一次较大的团队合作实践就是 1990 年为第十一届亚运会而建的国家奥林匹克体育中心和亚运村等工程，当时建院有六个设计所、450 人以上的技术人员参与，除亚运工程指挥部具体而明确的指导外，院领导负责院内外的协调，还请院内老专家成立了专门的指导班子，奥体中心有刘开济、张德沛、吴观张、胡庆昌、杨伟成、吕光大；亚运村有宋融、程懋堃、郭慧琴、王谦甫等。各主要设计子项都安排了相关的技术骨干。如亚运村除宋融、刘益蓉、崔振亚、徐禹明、洪元颐外，还有王昌宁、杨昌金、张关福、叶谋兆、胡仁伟、王少安、何韶、黄晶、付治楸、金文玮、谭雄波等人参加（以上仅列出建筑）。奥体中心的体育场为三所的单可民、刘季康、双金岩、穆怀琛；游泳馆为二所的刘振秀、王玉田、施绍南、尹士民；体育馆为四所的闵华瑛、马国馨、崔振亚、曹越、闫文魁；总图为马国馨、郑凤雷、董笑岩、胡越、崔振亚、曹越、闫文魁、石平以及其他工程的王兵、姚玓等人。同样是一个老中青三代结合、分兵把守的大兵团联合作战。

我之所以列出如此多的名单来，就是想说明工程无论大小，从设计创作的人员构成机制看，我们需要主创人员的创意、组织、协调、判断，需要独具色彩和特点的想法。但在组织型事务所中，这更多是通过团队的决策而最后交由个人或小组去执行，同时需要必要的工作机构和工作机制形成有效、合作、沟通的团队。根据建院多年的工作经验，这个团队还需要形成良好的级配，需要不同层次的人员及各类人才为了共同的目标而团结一致、尽心竭力。即以建筑而言，除了创意构思的团队外，还需要实施、细化、保证和现场服务的专业技术人员，像张镈总建筑师的班底中，除了他负责全面协调外，还需要孙培尧、张德沛这样的主持人，田万新、凌信伟、苏纹、沈清元、冯保纯等骨干，从而形成有效的团队。建院公认的门窗及细部的专家是杨维新、刘友鎏等，笔者曾有幸与刘友鎏在工程中合作，他对于门窗设计及相关五金配件的深入了解及专业经验让人折服。在当前市场化的新形势下，除内部协作的团队外，更需要增加市场开拓、服务、沟通、经营方面的专业化人才，以完善团队服务的全过程。

3. 创新精神

建筑设计行业的人才资源是第一要素，而通过人才表现出的专业技能、创造力和竞争力、合作和沟通、特长和开发等才是赢得客户信任的关键。尤其从创新的角度看，如果没有在原始性创新和改造性创

20 世纪 90 年代住宅

新方面的不断前进，没有保持与时俱进的创新能力，建院也无法保持长盛不衰的生命力。

一提起建筑设计上的创新，人们很容易将思路局限于建筑立面或形式材料表现上的创新。在十一届三中全会以前的建院历史中，建筑形式上的创新走过一条曲折的道路。如上所述，建国以后从"反对形式主义、复古主义"的运动开始，包括此后的"设计革命""下楼出院"，建筑师无不首当其冲，那时在"唯美主义""树立个人纪念碑""追求洋怪飞"的帽子下，建筑师动辄得咎，唯恐什么时候就因设计作品而成为被批判的对象。记得中国建筑学会在 1956 年、1958 年、1959 年几次开创作座谈会都是要使设计人员打消顾虑、畅所欲言，从而解决放手创作、繁荣学术的问题。记得看到过建院国际俱乐部的一个方案，因山墙轮廓是斜面而被斥为"像猫头鹰"，有的建筑局部因造型"怪异"被拆除重建，甚至 20 世纪 60 年代以前建筑室内用黑色的踢脚板都有人来过问。在 20 世纪 70 年代建外工程时，钢窗颜色我们希望用黑色，但又怕犯忌，于是主持人吴观张和我们约定统一称之为"墨绿色"。友谊商店当时准备采用有深色斑点的浅色马赛克外墙，因有人认为像"麻子"，而专门做了外墙样板请当时北京市主管城建的万里同志来审查，万里同志当时以一句"麻子俏，十个麻子九个俏"的半玩笑话才使该立面方案得以过关。这些都是现在的人们无法想象的。

但就在这样的条件下，建院的技术人员仍然注重研究、总结，注重发展前人的成果，注重吸取国内外的先进做法并不断前进提高，在行业中起到带头和领先作用，从而推动行业的进步和发展。20 世纪 60 年代笔者刚到建院时，虽然那时出版条件并不好，但仍可以看到大量蜡版刻印的各种总结和理论文章，如有关建筑理论、旅馆、医院、体育建筑、住宅、学校，直到单宿、汽车加油站、车库、录音棚等。这些总结成为建院技术创造能力得以薪火相承、代代相传的重要原因。

即以旅馆为例。早在解放初期，建院即设计了友谊宾馆、前门饭店、新侨饭店等作品，对全国的旅馆设计有很大影响。1959 年民族饭店等工程竣工后，院里即出版过油印本的旅馆调查总结，已经开始注意从面积、造价、标准等定量指标方面加以总结。"文革"以后，随着对旅馆建筑需求的与日俱增，一室和情报组共同整理了有关国外高层旅游宾馆的研究资料，在内部出版了四册一套的资料集（1974 年），从定额标准、国外实例、防火、电梯等几个方面加以总结，一时成为各

上图：北京新侨饭店

中图：北京天伦王朝饭店

下图：北京新万寿宾馆

设计院的抢手资料。我手中的一册就曾被外单位以种种承诺借走而再也没归还。当时针对社会旅馆的实践和需求，五室也在崇文门旅馆经验总结的基础上，于 1978 年完成了对社会旅馆的总结。改革开放以后，又面临涉外旅馆的建设，当时建院及时组织了旅馆设计研究小组，由张镈总建筑师指导，除了试做一些涉外旅馆的方案外，还组织力量翻译了《喜来登旅馆设计指南》（1980 年），由寿振华执笔完成了一本包括香山饭店、长城饭店以及一批外方设计的工程和方案在内的图集（1979 年）。此后通过长富宫饭店、昆仑饭店、首都宾馆、大观园饭店、新万寿宾馆、华侨大厦、台湾饭店、和平宾馆、金朗饭店、新世纪饭店、全总职工之家、海南寰岛大酒店、天伦王朝酒店直至近年的海南博鳌酒店等，都在设计上做了各种创新和开拓，从而奠定了建院在旅馆设计方面的地位。

体育建筑也是如此。1954 年建成的北京体育馆是国内第一个由体育馆、游泳馆和练习馆组成的建筑群。56 米跨度的钢三铰拱也是当时国内的最大跨度，其设计理论和方法影响了国内同期的许多体育场馆。此后经过北京工人体育场（1959 年）、工人体育馆（1961 年）和首都体育馆（1968 年）等大型场馆和北京市网球馆、陶然亭游泳池、工体游泳池、体育学院室内田径馆、体委训练馆、跳水馆等工程的实践，加上如摩洛哥、叙利亚等援外工程的考察和实践，积累了大量的经验，在 20 世纪 70 年代中编写了《建筑设计资料集》（第一版第三集）中的体育部分，此后在 1981 年又由中国建筑工业出版社出版了国内第一本有关体育建筑设计的专著《体育建筑设计》（秦济民、吴观张审定，张德沛、李哲之、刘振秀最后整理，参加编写的还有许振畅、韩

上图：北京大学生体育馆

下图：光彩体育馆

秀春、魏春翊），此后刘振秀、许振畅、吴观张等陆续发表过有关体育馆的调查，以及视觉质量、观众疏散等问题的探讨（1980 年）。随着亚运会工程的建设和奥运会的申办，相关信息的收集、资料的整理、经验的总结更为条理化、系统化。在国家奥林匹克体育中心、大学生体育馆、光彩体育馆（1990 年）的实践中更加注重建筑群体的组合、多功能的利用、无障碍环境的创造，此后建院直接承担了北京申办 2000 年、2008 年奥运会的全部新建、改建场馆的申办文件编制，由此获得国际奥委会和相关单项组织的好评，争得了 2008 年奥运会的主办权，还在此期间完成了《建筑设计资料集》（第二版第七集）中关于体育部分的编写（1995 年与哈尔滨建工学院合作，参加人马国馨、单可民），此后又编辑出版了《奥林匹克和体育建筑》（2002 年）以及由建院主编的《体育建筑设计规范》（起草人马国馨、单可民、曹越、魏春翊、孙东远、项端祈、马晓钧，2003 年实施），而五所也在筹建奥运设施的过程中在奥组委的领导下拟定了《奥运工程设计大纲》（2003 年）。从这里也可以看出体育建筑的设计创新和总结在建院传承的脉络和进展。

类似的技术创新上不断积累和发展的事例在办公楼、商场、机场航站楼、医院等公共建筑和居住区规划中都有所表现，并分别有若干研究成果专著出版，这些都提升了建院在行业中的学术地位。

在标准设计上，建院在 1953 年即成立了标准设计室。在计划经济时代从事住宅和中小学的标准设计和通用图设计，为关系到人民生活和教育的大量建筑的设施提供了技术支持。如通过对中小学规模、教室面积、层高、采光、视线等课题的研究，不断改进，先后设计出

20世纪50年代住宅

中学通用设计图 42 套，小学通用设计图 30 套，从事通用图研究的王钟仁、许淦坤、王祖荫、钟汉雄、黄汇等人的名字也不应被忘记。在住宅方面，从 1955 年的二型住宅通用图开始，到 1959 年的 701 甲、乙、丙型，1958 年的 8011、8012，1959 年的 9011 ~ 9018，以及直 71 住、72 住、73 住、74 住、76 住等型号，体现了当时首先解决有无问题的温饱型住宅的发展。改革开放以后，自 80-81 系列又有了新的突破。长期在标准室和住宅所工作的有陆仓贤、宋融、赵景昭、华亦增、虞锦文、冯颖、沈致文、张念曾、吴庭献、温永光、周志连、刘益蓉、劳远游、钟汉雄、梁学惠、赵学思、李诉等人（以上仅限建筑专业）。在外事工程上，建院承担了建外、三里屯等使馆区 90% 以上的使馆设计（1955—1990 年），同时为外方自行设计的使馆，如苏联、波兰、捷克、朝鲜、瑞典、丹麦、挪威、瑞士、伊朗、罗马尼亚、巴基斯坦、加拿大、澳大利亚等提供了技术支持和施工图设计，为我驻外使馆如英国、印度、日本等使馆提供了设计。这种类型的外事工程实践经验也是得天独厚的。

从建院的历史发展中，还体会到其创新能力绝不是单纯的建筑专业单方面的创新，也不是仅停留在方案和创意阶段的创新，而应该是创作全过程及包括各专业的全面创新过程。所谓建筑设计全过程的创新，笔者以为应包括：方案构想阶段的创新；将构想经技术设计而转化为施工图纸的创造；由完成施工图后到施工完成阶段的再次创造；竣工使用经营过程中的再创造。在实践中不乏这样的事例：一个看上去好的构思由于没有抓紧创新的各个环节，最后变得面目全非，而有的案例在方案阶段看上去并不十分突出，但由于后续环节的调整和努力，使成果十分精彩。长期以来，人们常常只注重第一环节的创新而忽视了后三个环节的创造，以为有了好的创意肯定就有好的成果。实际上设计成果的形成和完善是一个不断优化、比较、选择、调整、判断和综合的过程，在由粗入细、由宏观到微观的不断深入过程中，同样渗透着诸多创造性的活动，有些因素如材料变更、造价削减、使用调整等对于原构思有时会产生决定性的影响，这时非常需要主创人员的事必躬亲和亲力亲为，及时做出正确的判断和调整。而各专业的创新过程也需要根据新的形势逐渐深化认识。在和国外事务所合作的过程中，对于国外的专业协作也有了进一步的认识，如相关专业在方案阶段的及早介入，以保证新的理念和构想能够在充分技术保证的基础上进行，同时也加强了方案竞争的可信度。而在方案深入的阶段，对于各专业来说，更应注重各专业的"设计"能力，而这种"设计"能力是在对建筑设计充分理解的基础上而充分表达出来的各专业的创造力、洞察力、协调能力和设计能力，从而选定最为适宜的技术方案和表达方式。长期以来，建院已形成了一批这样的专业人才，如结构专业的杨宽麟、朱兆雪、郁彦、胡庆昌、孙有明、程懋堃、叶平子、朱幼

1986 年建院首届金厦奖获奖者合影

麟、邱圣瑜、侯光瑜以及柯长华、崔振亚、高爽、徐元根、薛君岳、
王铁夫、刘绍敏、陈芮、张承起、虞家锡、唐佩韦、曾俊、陆承康、
吴兰芳、朱宝庸、马明益、温可润、汪熊祥、李国胜、丁宗樑、景光
普等，设备专业的那景成、杨伟成、肖正辉、朱文鹏、郭慧琴、曹
越、吴德绳以及孙敏生、吴国让、施绍南、张锡虎、黄峰、刘茂堂、
郭连捷、刘文镔、吴志棠等，电气专业的吕光大、王时煦、王谦甫、
洪元颐以及潘家声、朱庆元、于万生、许国胤、陈光华、刘绍芬、魏
春翊、骆传武、穆怀琛、单永寿、闫文魁、黎显生等。这个技术梯队
正在通过人员的不断阶梯式更新和工程实践而代代相传。

强大保障

在建院半个多世纪的运作中，除了广大技术人员所表现出的创造力外，创造机制的保障、必要的技术支持也是必不可缺的重要因素，尽管多年来也曾出现过一些偏差，但一套运行良好的机制能够使之进行必要的调整。笔者根据自己的感受，将此归纳为三大保障支柱，亦即管理保障、研发保障和信息保障。

1. 管理保障

建院自成立以后，很快就被纳入学习苏联的轨道，设计程序、组织机构、建筑法规等基本搬用苏联已有的做法。为了适应当时大规模经济建设的需要，为了保证质量、提高设计水平，在工程实践过程中逐渐成长了一批技术管理人才，逐步形成了具有建院特点的规章制度和管理措施，这些不仅保证了建院设计工作的有章可循、层层把关，形成了比较正规和严格的秩序，而且对于兄弟设计院也有极大的帮助。随着时间的推移，这些措施和经验也越来越具有建院独特的色彩。管理体系主要取决于管理结构和制度、决策体系和设计质量控制等几个主要方面。这是一个长期的、持之以恒的不断发展和完善的过程。

在组织机构上，建院初期分设了六个设计室，由总工程师任设计室主任。在设计项目上各设计室也各自有所侧重，如一室是公共建筑，二室为住宅和办公建筑，三室做体育建筑，四室专攻保密工程，五室倾向文教外事，六室擅长工业建筑。对照苏联的标准化设计还在1953年成立了标准室。这种编制基本持续到"文革"时期，1970年干部下放后编制又有新的调整。设计室的组织形式也曾由综合组、专业组变动过多次。笔者来院时还是综合组的形式，一个小组内建、结、暖、电专业齐全，但以后就又改为专业组。当时建立起的以岗位责任制为中心的设计管理制度可总结为三段设计——初步设计、技术设计、施工图设计，三级管理——院级、室级、组级，三级审查——对初步设计和施工图的审查制度（在建院50周年纪念时有全面总结）。1956年开始成立院技术委员会，以后虽名称有所改变，但讨论、审查重要工程和重大技术措施的作用并未改变。后因工程项目增多，故按项目的重要性加以分级。另外，还分别就工作程序、设计责任、工作制度等内容形成了相关的规章制度，定期补充修订并专设计划处、技术处等职能机构执行，从而形成全院技术人员的共识。

设计质量是设计院经营的关键，在这方面建院积累了正反两个方面的经验和教训。前述的三级管理、三段设计和三级审查制度的最终归宿也是如何保证设计质量。此外，建院还有保障质量的技术措施和规定，如施工图统一规定（1952年起）、统一技术规定（1953年起）、统一材料做法、统一节点做法和通用大样，各室根据自身的侧重点，还分别编有使馆、医院、旅馆装修的通用大样及手册，成为建院和兄弟设计院不可或缺的工具书。建院编制的材料做法和通用大样大量为华北地区建筑设计标准化办公室的通用图集所采用，建院编写的统一技术措施在正式出版后，更为全国设计院普遍采用。随着我国标准和规范编制工作的进展，建院又把重点转向了质量保证体系的贯彻，如全面质量管理（TQC）（1986 年）、ISO9001 国际标准（1997 年），通过目标管理、过程控制，使质量体系的建立和运行进一步和国际接轨，并更加体系化。同时坚持执行工程回访、图纸抽查、评选优秀、增设奖项等措施，完善奖惩机制。

在计划经济时代，决策体系的作用还不是特别突出，而改革开放后随着社会主义市场经济体制的建立，设计体制的改革，设计市场竞争的激烈，经营理念、经营战略以及决策体系的重要性，尤其是在投标阶段的团队讨论和最终决策的重要性就越来越凸显出来。

经过半个世纪的运作，建院也先后出现了一批技术管理和经营管理的专家，如张浩、秦济民、周治良、刘宝熹、沈兆鹏、张承佑、佟景鋆、孙家驹、张锦文、陈绮、周海泉、张宪虞、林晨等，他们为建院的管理保障贡献了智慧和心血。

2. 研发保障

设计单位的创新研发能力是该单位的技术资本，涉及单位的技术特长、市场优势、领域开发、著作权和知识产权，或简而言之，即市场的开发和竞争力。

建院的研究所成立于 1953 年。老院长沈勃回忆："为了掌握先进技术，提高设计水平，抽调了一批有经验、有一定外语基础的同志组成了研究室，下分三个科：研究科、试验科和预算科。从单纯的材料、构件、节点的检验，逐步开展了防水、防火、防雷、声学、热工等专业研究……这些研究成果，不但对我院一般设计帮助很大，同时对我国建筑行业开发先进技术也起了推动作用。"

除去我国高等学校的教学与科研结合的体制外，早期遵照建院这种体制设立研究机构的设计院也还有过一些，但近年来还能保持这种研究机构的设计院却已是凤毛麟角，即使存在的，也面临着创收等一系列问题。但从建院的实践和国外的经验看，研究开发机构的存在首先在增加竞争力上会起到重要的作用。笔者曾访问过国际上一家有名的事务所，他们研究出一种可以节约超高层建筑中结构投资的抗震阻尼结构，于是他们就把这一示意模型放在门厅里作为宣传并显示技术实力。同样，建院结合工程实际进行的科研占了其工作内容的一大部分。如亚运会工程 1∶20 比例尺的斜拉双坡曲面网壳屋盖试验，首都机场足尺预应力曲线钢管桁架的试验等都为推动大跨度结构的设计技术的进展提供了重要数据。在建筑方面，防水、消防、建筑声学、油漆彩画等研究也都为各类型设计提供了技术支持。"文革"前还有国外建筑理论的研究专题，但后来又被取消。除此之外，研究所的研究开发还承担了不仅关系到建院，而且关系到国家技术政策、行业技术进步的重大课题。如住宅节能是关系国家环境保护、节约能源及可持续发展的课题，因此建院在住宅布局、热源和管网设计、围护结构等方面的研究投入了大量的人力物力，完成了一大批重要科研成果并投入使用，使北京市的节能工作始终居于全国前列。又如结构体系方面，在全装配式钢筋混凝土框架剪力墙体系和接头研究、装配式壁板、滑模、模板剪力墙等方面均有所突破和拓展，尤其唐山地震以后，除相关体系的模型试验外，同时提出了砌体结构中设置构造柱的做法，为建筑物提高抗震性能做出了重要贡献。同时主编和参编了一批国家规范和行业标范。许多成果在投入生产以后，很好地服务于社会，同时也取得了较好的经济效益和社会效益。

建院研究所中还有一批长期献身于科研事业的技术领导和骨干，如李北就、周炳章、周之德、阮志大、胡庆昌、向斌南、项端祈、朱文鹏、郝凤德、李滢、廖集善、何秉进、康素馨、金铭、马启意、顾同曾、冯保纯、陈芮、徐云扉、王增培等以及一批默默奉献的试验工人。设计大师胡庆昌在分析国外有关抗震设计文献的基础上，在抗震概念设计、钢筋混凝土结构的抗震设计和抗震试验研究，以至大跨度结构和高层结构的设计和抗震研究方面都做出了重要贡献，成为国内知名的权威。

3. 信息保障

在建院提起过去的情报所、技术供应室，人们自然而然会想起为这项工作做出过巨大努力、一直和设计人员保持着密切联系的老同志，包括刘伯诚、方展和、张莉芬、金东霖、高宝真、陈占祥、林茂盛、章与春、王云章、邱连璋、梅振乾、许德恭、易齐正、朱蕴珍、周文麟、张汝良、侯凯源、陈肇宗等同志，这些同志十分热爱专业，有的以前就曾从事过相关专业技术工作，有丰富的专业经验，因此有先天的优越条件。在改革开放以前，技术情报的渠道十分有限，订阅的外文杂志也很受限制，这样设计人员在工作中急需了解各种情报和信息的重任就落到了情报所的肩上。

信息情报的收集和分析作为建院的重要技术支持自 20 世纪 50 年代始，至今已经发展成集情报收集研究、翻译图书文献资料、影视制作以及出版等众多门类于一身的部门。其特色首先表现在有较完备的硬件设施。如建院的图书资料库，由于长年的积累以及院方多年的重视，建院的图书资料条件、期刊的种类和数目等可以说仅次于清华大学建筑学院和原建设部建筑科技中心的图书馆，只是由于面积和人力的限制，许多早期的期刊资料堆积在地下室无法整理上架使用。实际上许多图书和资料恐怕已经成为国内孤本，有十分宝贵的学术价值。其次，信息情报工作始终围绕设计科研第一线，在保持建院活跃的创造力、强大的生命力方面起到重要的支持作用。如结合建院正在从事或将要开展的设计类型和工程的深入全面的专题研究，进行具有前瞻性和资料分析型的研究，为设计人员提供了清晰而准确的资料及结论，受到设计人员的极大重视。建院在许多项目类型上的领先地位和情报人员的努力不无关系，如配合建院不同时期体育建筑设计的需求，情报所先后整理了历届奥运会、历届亚运会的资料，整理了体育中心、游泳馆、自行车馆、运动员村等专题资料。在首都体育馆人工冰场的设计中，也正是依靠情报所遍查资料而整理出的资料所提供的原理和要点，才保证了它的顺利设计和施工。另外，在旅馆、医院、商业建筑、办公楼、使馆、机场、剧场、会堂、图书馆、动物园等专题上都有重要的成果，使人们了解国际上的最新动向，成为设计人员的重要助手。在信息工作上同样也为社会、为行业做出过重要贡献，如在无障碍设计研究专题上，自 20 世纪 80 年代结合康复中心设计开展了无障碍设计的研究后，除了在各类型的工程实践中不断应用，同时通过考察、问卷调查、起草有关的行业标准、制订有关技术措施，使无障碍设计在我国得以大力推进并逐渐成为社会各界人士的共识。又如华揽洪先生编制的《法汉建筑工程词汇》虽未正式出版，但在很长时期内是业界唯一使用的法汉专业词典。此后在梅振乾等人工作的基础上，张人琦等又主编了《汉英建筑工程词汇》，也填补了相关领域的空白。在院内外，情报所通过信息资料的整理和绘制，在 1975—1985 年间先后出版过 12 册《建筑设计参考图集》，收集了各种类型工程中设计人员创作的有特点和构思巧妙的节点大样做法，起到很好的交流和推广作用。

在信息时代如何看待信息情报工作？当前由于计算机技术和互联网技术的发展，出版工作的更及时、更容易，国外信息的容易取得，加上激烈竞争和保守商业秘密的倾向，的确出现了如何对待信息和信息情报工作的不同看法。对于建筑设计单位来说，有效信息的占有程度，对信息资源的有效开发和利用，信息库、数据库、图片库、方案库等的建立，已经成为提高工作效率和表现其竞争能力的重要方面。因此，许多业主单位十分看重设计方是否已经掌握了涉及理念、手法、材料等领域的最新信息，从而保证自己项目的理念和技术超前性并能创造出更多的价值。因此，在此种形势下，面对互联网、各种传媒杂志等大量有效信息、一般信息和垃圾信息充斥的情况，对信息情报工作提出了更新更高的要求，需软硬件并重、手段和内容并重、信息的取得和开发利用并重、个人信息占有和团体企业共享并重。这更需要有专业素养、实践经验和分断判断能力的机构对浩若瀚海的信息加以过滤、筛选、分析，归类整理出能提高本企业的设计能力和竞争能力、更适合市场需求的有效信息，亦即把信息加以精选和集中，从而变为本企业的共同财富。简言之，需要在处理信息时能够起到"过滤器"和"放大器"的作用，建院原有的传统做法值得参考，同时国外

建院召开职工代表大会的代表合影

许多设计公司有一些有效的机制和做法可供我们研究。

未来展望

已经运作了 55 年的北京市建筑设计研究院实际上是一个充满各种财富和无形资产的巨大宝藏，在经历了不同时期、不同时代、不同工程之后，为首都、为全国各地甚至为世界其他一些国家留下了辛勤劳动的成果。我们在这篇简短的文字中提出了建院大量已故或已经离退休的技术人员的名字（而且肯定会有重要的遗漏，还望原谅），这些名字对于现在的建院人来说大部分已经很不熟悉了，但就是这样一代又一代的建院人，在各级领导的关怀和领导下，发挥敬业精神、团队精神、创新精神，并在各种技术保障的支持下创造了建院的历史，创造了一个又一个的设计精品。笔者虽然是在职职工中岁数稍长的一人，但对于建院的了解和体会，远不如许多健在的老同志深刻，因此新老同志共同不断总结和发掘建院的宝藏应是责无旁贷的。

当然随着改革开放的不断深入，随着社会主义市场经济的建立和我国建筑市场的进一步开放，出现了与此前数十年有极大不同的市场形势，市场竞争更加激烈，对于人才资源的要求更高更迫切。需要建立一整套更符合新形势新特点的市场运行体制和机制，需要更新的经营方针、经营理念和服务水准，需要更有效调动设计人员的创作激情以及保持人员稳定的奖惩机制……因此在传媒上也经常出现"大型的设计院能否继续存在"的讨论。有人认为"明星式的设计事务所更有生命力"，有人认为"将来更适于单一专业的设计公司"，看来现在得出结论还为时过早。但从国外的实践经验来看，多样化的社会提出了多样化的需求，同样就会有各种形式的设计事务所和设计公司，从不久前出版的《新地产》杂志中所刊登的 300 家国际建筑设计机构和 200 家中国设计机构（可惜未注明引用材料的出处，也未注明公司营业额），可以看出国外公司中建筑设计、工程咨询、综合类型均有，像日本的日建设计、日本设计和久米设计都是数百人以上甚至超过千人的大型公司，英国的奥雅纳公司全球有 6000 名职工，当前就是许多以明星建筑师姓名命名的事务所规模也达数百人以上，而中国的设计机构排名靠前的仍多是大型设计院、部属设计院和高等学校的设计院。所以这里不是看事务所的名称如何，更多要看其体制和机制。作为组织型的大型事务所，在充分发挥团队的集体智力和准确的决断基础上，应该说还是充满了生命力的。通过改革，北京市建筑设计研究院必将在未来的岁月中迈出更坚实的步伐。

2004 年 9 月 24 日

（原载《建筑创作》2004 年第 10 期和《建筑求索论稿》）

我与建院共成长

1965年我从清华大学建筑系毕业以后，就一直在北京市建筑设计研究院从事建筑设计工作，30多年来的成长和进步是和建院紧密联系在一起的，现在回想起来仍历历在目。

建院是个有着近50年历史的大型民用建筑设计单位，这里有着众多一流的专家和学者、技术高超的专业技术人员，每年都奉献给社会大量优秀的设计作品，是个知名度很高的单位。对建筑师来说，这里是极好的学习场所，是极好的创作舞台，每一次工程实践都给建筑师施展才华提供了机会。1971年开始的北京建外国际俱乐部工程是我任建筑负责人的第一项大型公共建筑。虽然当时建筑总面积只有一万多平方米，现在看来真不算什么，但在长期封闭停顿的"文化大革命"后期，这已经是一个十分引人瞩目的外事工程了。当时我还不到30岁，根本没有这方面的实践经验，但工程主持人吴观张十分支持和信任我，使我在从参加工程设计到施工的全过程中学习了很多东西，逐步充实了自己。1973年我当了设计室的副主任，可以接触到更多的设计项目，尤其是在设计方案阶段必须从更宏观的角度来考虑问题，并更加重视各专业间的协调。1976年我参加了毛主席纪念堂这一重点工程

1977 年作者在毛主
席纪念堂工地

建设的全过程，除了在方案设计阶段能够遇到全国各地有名的建筑专
家外，在实施设计阶段，院里抽调了四名室主任担任工程负责人，除
我以外那三位室主任徐荫培、方伯义、吴观张都是十分有才华的建筑
师，有着丰富的组织大型工程的实践经验，我除了在设计当中学习以
外，还在长期负责与施工单位的联系过程中学会了解决实际施工中的
难题和矛盾的办法。

改革开放的大好形势为建筑师们提供了更为美好的前景，建院同
样也为我们的继续教育和业务提高创造了许多条件。1981 年我被派往
日本东京，在著名的建筑大师丹下健三的事务所研修两年。就日方来
说，他们原希望能有更年轻的建筑师去学习，可是"文化大革命"造成

的人才断层反倒使我们这批"老青年"搭上了出国进修的末班车。除了在异国学习国外事务所的设计经验、工作方法外,同时也有机会能够近距离地了解和观察这样一个既与我们有许多相近之处,又有很多本质区别的国度,可以了解他们的价值观和美学观,这是十分难得的实地比较和学习。1987年在教育体制改革时,院里又同意我报考清华大学的博士研究生,这样我就有机会在紧张从事亚运会工程的同时,在汪坦教授的指导下进行建筑历史和理论方面的研究工作,也就可以从另一个角度来观察建筑学和建筑设计。这种不同视角、不同方位的锻炼和学习应该说是十分难得的机会。亚运会的工程前后用了近七年的时间,但回想起来还是很值得的。1983年回国后不久,当时的院领导周治良就安排我参与我国准备举办的第十一届亚运会筹备工作的可行性研究,并主持此后的国家奥林匹克体育中心的设计工作。这个第一期建设占地66公顷的大型综合体育中心是亚运会比赛场馆的主要设施之一,也是本次亚运会的标志性建筑,因此在群体布局、交通组织、建筑造型、使用功能、建筑结构、细部构造乃至环境布置等方面都是具有很大难度的,而对于从未涉及过这种类型工程的我来说更是极富挑战性的工作。但我也十分幸运:一是院里有一批有名的专家,像刘开济、张德沛、吴观张、胡庆昌、杨伟成、吕光大等出任顾问和指导,他们付出了大量的心血,尤其是刘开济副总建筑师经常在工程的关键时刻给予指点和支持,使我们在举棋未定的犹豫时刻能够大胆地做出正确的抉择;二是有一批责任心强、经验丰富的老同事们一起共事合作,体育中心里的三座主要比赛设施——游泳馆、体育馆和体育场的主要负责人都是从事体育建筑设计多年的老同志,其中两人在

1997 年作者在首都国际机场工地

工程完工以后就退休了，长期实践积累下的宝贵经验使我们少走了许多弯路；当然还有一批朝气蓬勃、才思敏捷的年轻人共同合作，他们旺盛的创作欲望在这里得到极好的发挥。尤其要指出的是负责工程总协调的院领导张学信，在困难的条件下做了大量的工作，使具体的设计工作能进展顺利，但在荣誉面前却躲得远远的，甘做无名英雄。

由于本工程各有关方面的上下努力，群策群力，集思广益，使得国家奥林匹克体育中心工程在设计思想和设计方法上都有比较大的突破，从群体规划到单体设计表现出较新颖的构思、合理的功能、先进的技术、优美的环境，表现了在新的时代背景下，对传统的取精用宏。为此，工程得到了国内外有关方面的赞扬和肯定。邓小平同志在视察体育中心场馆时激情地说："我这次来看亚运体育设施，就是来看看到底是中国的月亮圆，还是外国的月亮圆？看来中国的月亮也是圆的。"由于亚运工程设计具有强烈的时代精神和鲜明的民族特色，于1992年获得了国际奥委会颁发并由国际奥委会主席萨马兰奇签名的"体育建筑奖"，这些都是对我们的支持和鼓励。

1993年至今，我又和新的创作集体一起，进行了规模更大的重点工程——首都机场航站区扩建工程中的新航站楼和停车楼的设计工作，并期待着能在这里有所前进、有所发现、有所创造。

实践证明，在信息化时代，随着知识经济的发展，建筑设计项目尤其是大型的建设项目越来越趋向于多专业、多工种、多方面的协同配合的集体创作，因此个人的才智只有融入创作集体之中，同集体很好地结合起来，充分调动全部人力、智力资源，认真总结学习国内、国外的正反经验，才能使我们的建筑设计更加符合客观实际。面对知识经济的时代，国家的创新能力，包括知识创新和技术创新能力，是决定在国际竞争中能占据什么位置的重要因素，建筑设计更是以创新为主要目标的智力活动，因此不断总结、探索、努力提高在设计工作中的创新意识和创新能力将是今后很长一段时间的努力目标。

（原载《中国工程院院士自述》和《金厦报》1999年10月25日）

一代大师杨宽麟

今年是原北京市建筑设计研究院总工程师杨宽麟先生诞生 120 周年，逝世 40 周年。杨宽麟先生的哲嗣杨伟成先生筹备出版一册纪念和回忆父亲的文集《中国第一代建筑结构工程设计大师：杨宽麟》。我想这对于结构学界、建筑学界、建筑史学界，乃至北京市建筑设计研究院和杨宽麟先生都是极有意义的。

我是晚辈，在我的记忆里，杨宽麟先生是早期北京市建筑设计研究院著名的"八大总"之一，负责设计院的第五设计室。巧得很，我1965 年毕业分配到建院时就在五室，但马上去参加"四清"，等 1966年回到室里时已是"文化大革命"开始之后了。那时，杨宽麟先生已经 70 多岁，很少到室里来，偶尔到院来的几次，不是参加"运动"，就是接受批判，我这个 20 多岁的毛头小伙子也只是远远望着，从未上前与之交谈过一句话。但室里上上下下提起杨宽麟先生首先就会说起在 20 世纪 50 年代为和平宾馆续建时"南杨北朱"两位结构权威的一场争论。实践证明杨宽麟先生那时的意见是比较符合实际的。另外，令人印象深刻的还有杨宽麟先生所讲过的许多风趣幽默的小段

杨宽麟先生像（杨之外孙马益安绘）

子。更凑巧的是，后来其子杨伟成先生和我也在同一设计室共事，因工作关系有过多次合作，如"文革"后期的建国门外国际俱乐部工程，为中西餐厨房的排气设计，尤其是就机械排气方案共同讨论过多次。后来在东交民巷15号宾馆的游泳馆和羽毛球馆的设计中，为空调设计又有密切的合作。说是合作，其实那时我还是初涉设计工作的年轻人，有幸得到伟成先生的许多指导和关照。1981年杨伟成先生任院总工程师以后，在工程上对我的指点和帮助就更多了。为亚运会工程，我们还曾一起出国考察。他待人谦和、处事低调，连共事多年的许多老同事都不知道他是著名学者钱锺书的女婿。在新书出版时伟成先生嘱我写些文字，面对老前辈的嘱托，为其父的成就做一简述，虽诚惶诚恐，但也是不容推辞的。

杨宽麟先生生于清光绪十七年（1891），于1917年由美国学成回国，他50多年的建筑生涯，横跨了中华民国和中华人民共和国两个时代。按照我国建筑师的分代，毕业于1910—1931年的称为第一代，毕业于1931—1955年的称为第二代。因此杨宽麟先生理应属于第一代建筑工程师。而在第一代建筑工程师之中，他又是比较靠前的一批。从资料看，第一批建筑师中，出生早于他的有沈琪（1877年）、华南圭（1875 年）、贝寿同（1876 年）、张锳绪（1877 年）、孙支厦（1882 年）、庄俊（1888 年）、沈理源（1890 年）等人。他比朱兆雪大九岁，比杨廷宝、梁思成大十岁，比第二代的张镈大 20 岁，所以在早期建院的"八大总"中，他是最年长的一位。出于各方面的原因，过去对杨宽麟先生的成就和作用提及很少，缺少系统的整理和介绍。而随着时间的流逝，当事人、亲历者的过世，资料的散佚，这项工作就显得更加困难。但作为我国第一代建筑工程结构设计的代表人物，对其生平的梳理和成就的总结总是有胜于无，由于我了解的情况十分有限，只能就自己所知提出粗浅的理解。

首先是杨宽麟这一代建筑工程师为取得中国建筑师和工程师在本国的设计权所做的努力。我国数千年来一直以传统木结构作为主要的结构体系，没有专业的建筑或结构设计机构。直到 19 世纪中叶以后，由于清末的洋务运动和帝国主义列强的入侵，陆续引进了新的建筑材料和建筑技术。尤其随着租界的划分和设立，许多新的建筑类型相继出现，除机制砖瓦厂、五金厂、炼铁厂、水泥厂外，还有宾馆建筑、办公建筑、商业建筑、居住建筑等。而当时重要建筑物的设计权几乎全由国外事务所垄断。这些事务所多由工程师与建筑师合作，同时还参与房地产经营等业务，因此多称之为"洋行"。如上海最早的较大规模的设计事务所马礼逊洋行在 1885 年创立时，上海的开业建筑师仅有六人，到 1910 年上海开业的外国建筑师或合伙事务所有 14 家。与此同时，也有上海公共租界工部局（1854 年成立）、上海工程师建筑师学会（1901 年成立）等机构和组织从事管理和规范行业业务工作。

外商的介入也带来了西方的建筑经营管理方式。国人的参与首先表现为从建筑工匠转变为建筑工程的投标承建，如1863年上海工匠首次中标承建法租界工程，1880年上海工匠杨斯盛开设了史上第一家国人经营的营造厂——杨瑞泰营造厂，并成功中标上海第二期海关大楼工程，此后中国营造厂的业务领域不断扩大并逐渐形成了自己的特色。至于国人独立开设的设计事务所，有据可考的是成立于1915年的上海周惠南打样间，但由于周并未受过正规的建筑教育，所以真正规模较大并对建筑业产生影响的设计事务所的成立，还是在欧美留学生陆续回国的20世纪20年代。

包括杨宽麟先生在内的第一批留学生在美、英、日等国家受到了较完整的西方土木建筑教育，其专业多为土木工程或建筑学，而且有相当一批留学生有两个专业的学习经历，还有的获得过硕士以上学位。在学成之后，他们大都有过在国外机构或国内洋行的实习或工作经历，对于西方工程师和建筑师的执业规则和经营方式有一定程度的了解。其中成立较早的有协泰顾问工程师事务所（1918年），关颂声的基泰工程司（1920年），沈理源的华信工程司（1920年），过养默、黄锡霖、吕彦直的东南建筑公司（1921年），刘敦桢、柳士英等人的华海公司建筑部（1922年）。杨宽麟先生自1917年回国后也在1920年前后成立了以结构工程为主业的华启顾问工程师事务所，开始了与基泰工程司和其他设计机构的长期合作，同时兼营建筑材料，最后在1927年成为基泰的第四位合伙人。

在中国近代第一批建筑事务所中，重点研究基泰工程司这个个案应该是很有典型意义的。基泰创始人关颂声是在冲破了当时天津英、法租界工部局的把持刁难后才取得事务所的开办权的。随着朱彬、杨廷宝和杨宽麟的陆续加入，基泰的业务不断扩大发展，四位主要合伙人除了有郎舅或长期合作的关系外，也同有清华庚款留学美国的经历。由于工种齐全，实力雄厚，加上关颂声与上层人物的密切人脉关系，"先靠东北，后靠四大家族"，很快成为当时全国规模最大的私人设计事务所。其分支机构遍布津、沪、宁、京、渝、穗、港等各大城市。其运作机制十分正规，如一人负责对外经营、一人负责内部管理、两人负责设计工作的做法与现今许多国外事务所的管理方式完全相同。许多在社会有很大影响力的设计作品在这里产生了，如天津中原公司、北京大陆银行、沈阳东北大学、南京中央体育场等一系列工程。除杨宽麟、杨廷宝、张镈外，基泰还先后有张开济、方山寿、孙增蕃、沈祖海、陈其宽等后来对建筑界有影响的人物加入过。但关于事务所的运作及工作细节，除了张镈先生的回忆文章之外，并未见到更多的资料。然而不管如何，以基泰等早期建筑事务所和以杨宽麟先生的华启顾问工程师事务所为代表的先行者们，筚路蓝缕，苦心经营，开创了中国建筑工程设计师在自己国土上开展设计业务的新局面，也为此后这一事业的逐步发展壮大打下了基础。

杨宽麟先生作为中国最早的结构工程专家之一，对结构工程设计也做出了重要的贡献，称之为第一代结构工程大师是丝毫不为过的。19世纪末期钢结构和钢筋混凝土结构的引进和建设，对工业建筑和公共建筑领域提出了结构设计的新要求。从历史发展进程来看，土木工程的进展要早于和快于建筑设计。1901年上海工程师建筑师学会成立时，土木工程师占大多数，建筑师只是少数。在学校教育上，早在1903年天津北洋大学堂就设立了土木工程科，此后山西大学堂和京师

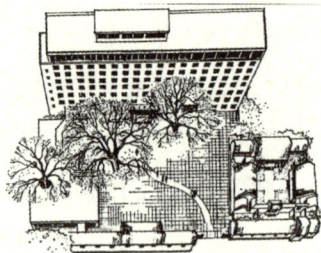

和平宾馆鸟瞰图

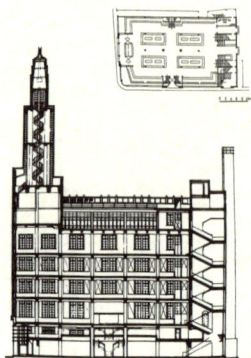

天津中原公司平面图、剖面图

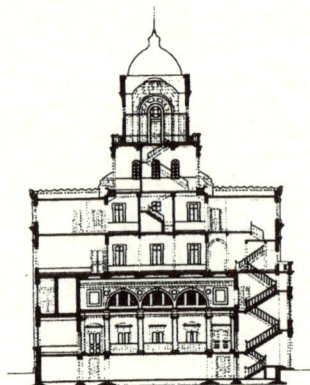

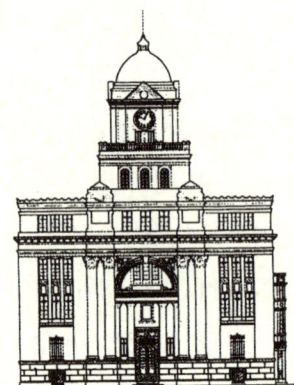

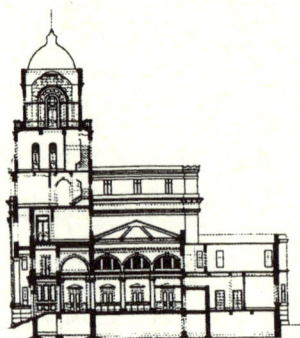

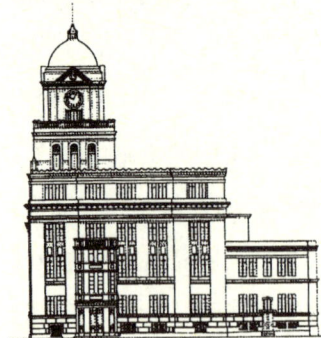

北京大陆银行剖面图、立面图

大学堂相继在 1907 年和 1910 年设土木科，而最早的建筑学教育则是在 20 年以后，即 1923 年在苏州工专开始设立的建筑科。而在设计行业的组织机构上，1912 年就成立了工程师学会，而中国建筑师学会是 15 年之后才成立的。从新中国成立前上海的业务审查登记来看，土木工程师的数量也大于建筑师的数量。

设计大师张镈先生在回忆杨宽麟先生时说道："杨宽麟先生是一位杰出的结构工程师。他本人还开办了华启事务所，专为各建筑师事务所承担钢筋混凝土结构设计，同时负责从美国进口钢材，按吨位成色供铁。他不但能做精确而省钢的计算，尤其难得的是，当现场出事故时，能当机立断，挽危为安。杨先生深入现场，做实地察看，不断在薄弱环节予以加铁加固，以保安全，责任心极强。"设计大师程懋堃先生回忆起杨宽麟先生时常说："最节省材料的坚固设计，才是最好的设计。"就像德国哲学家莱布尼茨所认为：自然界是以最小的费用获得最大的效果，即"最小量"原则，大自然从来不用麻烦和困难的方法去做那些本来可以用简单的方法就能完成的事情。而杨先生就能做到这点，这有赖于精熟的业务、丰富的实践、灵活的变通、严谨的处理和成功的经验。

1954 年，杨宽麟先生由兴业公司并入北京市建筑设计研究院。此后 17 年的设计活动人们就记得较清楚了。从之前的和平宾馆开始，到新侨饭店、百货大楼、友谊宾馆、西郊冷库、军事博物馆、工人体育场等工程，杨宽麟先生都发挥了重要的作用，贡献了自己的智慧和经验。许多理念和做法对于行业的进步及技术的发展都起到了引领作用，因为这些都是类型不同、对于结构设计需求也不相同的重要建筑

物，对北京市乃至全国都产生了重要的影响。他的学生、设计大师程
懋堃回忆："杨宽麟在北京院这样的大院，接到那么多工程，对他的
水平提高很有帮助。杨先生艺高人胆大，很敢干，也因为他有把握才
敢干。他敢想敢做的精神，使我受益终生。"建筑师在评价与之合作
的结构工程师时常爱用"胆大"二字来形容，当然这是以结构的坚固
和安全为前提的，一方面反映了结构工程师对建筑设计整体的理解以
及结构专业本身的设计能力、创造能力、洞察能力和说明能力，另一
方面体现出建筑师对于结构工程的正确理解也是必不可少的。

　　杨宽麟先生除了在设计业务及结构技术上的成就外，在建筑技
术教育方面的贡献也是必须提起的。他在学成回国之后就曾在天津北
洋大学土木工程系任教，但更多的渊源还应提到和上海圣约翰大学的
关系。圣约翰大学创建于1879年，是新中国成立以前国内14所教会
大学中历史最悠久的一所学校，创办后对上海及我国东南地区的高等
教育产生了深远影响，并培养了一大批各种专业的人才。学校初创办
时设西学、国学及神学三门，1881年起完全用英语授课，1905年起
在美国华盛顿州注册，成为正式的大学，1913年起开始招收研究生，
1936年起开始招收女生，1952年在全国院系调整中被拆散并入了其
他学校。

　　从1886年起，卜舫济牧师就任圣约翰大学校长，此后主持校务
长达52年，对圣约翰大学和杨宽麟先生都有重要的影响。杨先生的
父亲也是牧师，虽然早逝，但卜舫济校长是杨宽麟先生的大姨父，由
此杨先生和圣约翰大学结下了不解之缘。从11岁到18岁，他在圣约
翰书院就读直到大学毕业，之后曾短期在中学部教书，后赴美留学。

在此期间，圣约翰大学也在不断发展，继原来的文学院、理学院、医学院、神学院后又增加了土木工程学院和农学院，成为一所有教会背景的名校。杨宽麟先生回国后除开展了前述的设计业务外，1932 年起在圣约翰大学土木系授课，并在 1940 —1950 年出任圣约翰大学土木工程学院主任，为近代中国的教育事业做出了自己的贡献。

这里必须提到的是圣约翰大学土木工程学院在 1942 年创办了建筑系。中国早期建筑事业的发展，除了那时的欧美留学生外，主要依靠自己培养的专业毕业生。此前提到 1923 年国内第一个建筑科创办以后，陆续成立了若干建筑系科，如 1927 年中央大学建筑系，1928 年东北大学建筑系、北平大学艺术学院建筑系，1931 年广东工学院的土木系建筑学专业，1934 年沪江大学建筑系，1935 年天津工商学院建筑系，1937 年重庆大学土木系建筑学专业，1940 年之江大学建筑系，直到 1942 年圣约翰大学的建筑系，1946 年的清华大学建筑系等。这些建筑系由于创办人的不同学术经历和办学理念，使各自的建筑教学和体系有不同的特色。杨宽麟先生作为土木工程学院主任专门聘请了黄作燊先生来创办圣约翰大学建筑系。黄作燊先生于 1937 年毕业于英国建筑联盟学院，1941 年毕业于哈佛大学设计研究生院，长期追随现代主义大师格罗皮乌斯，1941 年回国后先在圣约翰大学土木工程学院土木系讲授建筑，设建筑组，并于次年应杨宽麟之约创办建筑系。当时中国的建筑教育大多以"学院派"的教学体系和方法占主导地位，而圣约翰大学建筑系最早全面引进了包豪斯式的现代建筑教育体系和方法，虽然只有短短的十年时间，但在教学体系、设计方法、技艺等方面都独具个性，同时培养出像李德华、罗小未、王

杨宽麟（前排左四）和建院同事合影

吉藩、李滢、白德懋、樊书培等一批有影响的建筑师和建筑教育家。
1952 年院系调整后，圣约翰大学和之江大学的建筑系加上同济大学的
土木系组成了如今的同济大学建筑系，同样也继承了圣约翰大学时代
的许多优良传统，至今在我国建筑规划界发挥着重要的作用。由此也
可以看出杨宽麟先生当年的眼光与远见。

　　杨宽麟先生是我国第一代回国的留学生，回国以后在建筑工程设
计领域和建筑教育领域都做出了重要的贡献。新中国成立后，他继续
为北京的城市建设贡献了自己的知识和技术。对杨宽麟这样的前辈学
人我们了解得很少，伟成先生主编的这本书的出版看来也迟了一些。
尽管如此，我们仍可从中看到本行业的一位先行者和开拓者的生平事
迹和从业生涯，这对我们来说仍是一笔宝贵的财富，同时也是对杨宽

麟先生最好的纪念。书中收录了许多宝贵的老照片，是十分重要的史料。在本书即将出版的时刻，首先要对杨伟成先生和相关的撰稿人表示衷心的感谢，向支持本书出版的各界人士表示衷心的感谢！同时也希望以本书的出版为契机，此后能陆续有新的相关研究成果问世，从而填补我们在这一研究领域上的许多空白。

2011 年 6 月 12 日（二稿）

（本文为《中国第一代建筑结构工程设计大师：杨宽麟》一书的序言，天津大学出版社 2011 年 9 月出版。后刊于《建筑学报》2012 年第 2 期）

长留念记在人间

——怀念张镈大师

　　1999 年 7 月设计大师张镈仙逝的时候，因为事出突然，在参加了他的遗体告别会回来时，只是拟了几句悼念张镈大师的诗发表在院刊上：

> 总师建院五十年，吃堑长智肺腑言。
>
> 师承杨梁研古例，博采中西创今篇。
>
> "民族"挺立成伟业，"人大"巍峨聚英贤。
>
> 一代名师乘鹤去，长留念记在人间。

　　此后总觉得还想写点什么。虽然没有和张镈老总直接合作过工程，比不上过去经常和他合作的院里老一室的同志，和他接触的次数也很有限，可能还是辈分上差得较多，但在建院 30 多年，所见所闻所感还是有一些的，也想借此机会写上一点作为张总逝世一周年的纪念。

　　我是不会忘记第一次看到张镈总的那一天的，怎么也想不到是在那样的时间和场合见到了张总。我自 1965 年被分配到北京市建筑设

1994 年在新书发布会上的
张总

计研究院后即被派去机械施工公司参加"四清"，直到"文化大革命"开始以后才回到院里，被分配到五室。当我去领导那儿报到时，领导告诉我明天早上上班就直接到中山公园音乐堂去。那是 1966 年 8 月 24 日，正是规划系统批斗"走资派"和"反动学术权威"的大会。会上，那些"走资派"和"反动学术权威"一个个挂着牌子从群众面前走过。我是睁大眼睛并使劲儿记着这些对我来说还十分陌生的名字。就在这里面，我看到了张镈总，只记得他是一个胖子，眼下有很明显的眼袋。然后就是"走资派"们站在台上，"反动学术权威"们和另一些人站在台下，张总好像就站在舞台口的左面。

还在学校时，我就听说过张总的名字。当时看过一部名为《华而不实》的黑白纪录片，是以友谊宾馆为例批判建筑设计上的浪费和华而不实的，那就是北京市建筑设计研究院张镈的作品。在批斗会上见到张总以后，我又回想起过去曾看到过陈今言画的一幅漫画：慈禧太后拍着建筑师的肩膀称赞他在御膳房也敢用琉璃瓦。我才明白漫画中夹着图纸的建筑师为什么是个胖子形象。

在那段岁月里，我们这些小青年不会也不可能接触到张总，只能看到各式各样的大字报，形成一个又一个"印象"。当然对张总还是充满了好奇心的。记得后来张总在一室和群众一起参加运动，并在一室西大屋中间的一个桌子上画施工图。一次到一室去，正好张总不在，我赶紧跑到桌子边上想看看张总画的施工图是什么样子，那是一栋坡顶平房的外墙大样，在墨线图上注满了文字和数字，当时印象很深刻的是施工图的表现十分纯熟和老练，注出的数字和汉字极有特点，而且也写得很大，估计张总那时眼力已开始不济了吧。

真正和张总有所接触要到1970年建国门外修建国际俱乐部等外事工程的时候，现在看来这些工程的规模都不算大，可在当时已经是"大工程"了。老总们当时都还没有正常工作，但张镈和张开济两位老总都为俱乐部工程提出过具体指导意见。在一次讨论其总体布置时，对主入口的位置我们倾向于放在东侧，张镈总主张放在南侧朝长安街，为此讨论到夜里很晚，接着我按张总的意思连夜绘制了一张炭笔粉彩的透视图，第二天张总看后可能觉得比他想象的效果要好，还着实称赞鼓励了一番。

以后随着张总恢复正常工作和1974年我担任六室副主任，工作上接触和请教的机会也逐渐多了起来。当时为了准备西二环干道的建设，专门成立了一个由黄晶、凌信伟、肖济元、徐国伟和我参加的规划研究小组，对全国一些大城市主要干道和规划进行调研分析，想从中总结出一些可借鉴的经验教训。其间，张总多次给予指导，他十分注意道路红线宽度与沿街建筑高度间的比例关系，并多次用建院前的礼士路为例来说明这一问题。后来我们去上海、广州等地调研时，院里考虑张总因"文革"期间长期没有外出，所以让我们在上海、广州

1975年6月张总（右一）和西二环规划组等在广州考察。图中左起：成德兰、刘永梁、黄晶、作者、徐国伟、肖济元（左八）、田万新（左九）

两地陪同张总参观，并照顾一下他的生活起居，这使我们有了一段朝夕相处的时间。

记得我们第一站是上海。那时出差住宿都要靠介绍信，我们一去就给安排在建工局的招待所，周围环境嘈杂，我们年轻还好对付，张总就有点委屈了。第二天一早，我就跑到上海民用院找陈植老想办法。那时陈植老是民用院的老总，在我印象里，他是一个和蔼可亲而又十分机智幽默的老头。我闯到那里和陈老一讲，他说："那怎么行，咱们赶紧想办法。"我急中生智想起张总那时已是全国人大代表了，陈老说那我们去市革委会试一试。当时民用院和市革委会很近，陈老领着我从市革委会南面一个小门进去，一面走一面语带双关地对我讲："办这种事咱们得走后门。"后来在市里开了一封介绍信，把张总安排进了外滩的和平饭店，才算松了一口气。

在上海我们到规划局收集了外滩、南京路等主要干道的总平面图，拍了照片。当时北京饭店的设计组也在上海调研，所以也一同看了一些饭店，还爬到国际饭店的楼顶上俯瞰过南京路。张总对上海的情况很熟悉，专门介绍我们去看福州路和江西中路的路口广场，介绍一些道路和广场的比例关系。当时上海正在建的公共建筑是徐家汇的万人体育馆，陪张总去看时上海民用院的汪定曾总正在工地现场，他向我们介绍了情况，汪总也是经常能在学报上看到名字的前辈。此外还参观了著名的闵行一条街，而徐家汇的漕溪北路高层住宅好像正在建设。

去广州时，为了防止出现上海住宿时的问题，我去打前站。走之前，北京饭店设计组的成德兰告诉我可以打着北京饭店的旗号去找东方宾馆。其间虽小有曲折，但这果然赛过介绍信，我们被安排住进东方宾馆老楼。当时广州已建起了一大批简洁明快、有岭南风格的新建筑。记得第一次看到白云山庄、矿泉客舍、友谊剧场等建筑的空间、用材、园林等手法，真觉得美不胜收。东方宾馆新楼建成不久，西面底层全部架空布置了庭院。当时广州市的林西（忘了当时是副市长还是建委主任）来向张总介绍设计的情况，他对建筑和岭南园林有着很高的素养和独特的看法。宾馆庭院里的叠石没有用南方常用的灰黑色英石，而是用了体块很大呈黄色的石材。林西同志就指着其中一块最大的石头说："为了确定这块石头如何摆放，我在周围端详琢磨了半天以上。"张总听后十分感慨，觉得广州能出现一大批具有地方特色的新建筑，和有林西这样关心建筑、懂得建筑的领导不无关系。

1995 年在建设部讨论方案的张总

　　因为以前张总在广州、香港待过，所以张总的广东话还是可以的。有时张总开玩笑地叫我"靓仔"。我反问："用广东话怎么叫您呢？"他说叫"肥佬"。那时因为调皮，经常和张总开玩笑，有时还有些小恶作剧，现在回想起来都还是很大不敬的，但张总十分宽厚，往往一笑了之。我们一帮年轻人老是装作不经意地"启发"张总："别的老总出差时可是主动请大家吃饭……"终于有了机会，张总在东方宾馆老楼顶层餐厅招待林克明老，我们得以作陪，自然喜出望外，一来可以见到建筑界的老前辈（林老精神矍铄，十分和气可亲），二来我们这帮"饿鬼"则可乘机大嚼。记得林老还帮张总解决了一个大难题，因为张总当时负有买一口广锅（即广州的炒菜锅）带回家去的任务，却不料寻访多处未获，我们也多次以广锅为由和张总开玩笑，说回去无法交差。正好吃饭时提到这事，林老说外面真买不到就把他家那口锅拿走好了，后来即用报纸包好了送来，张总得以顺利渡过

"难关"。

张总恢复工作以后，室里讨论一些重要方案时常请他参加，因此请教的机会还不少。随着他退居二线，就常常只能在一些重大工程的讨论会上遇到，张总每次都会亲切地招呼并常常给以热情的鼓励，另外就是在媒体上时常看到他参与古建保护等社会活动。张总在建院将近半个世纪，创作了一大批具有标志性和代表性的作品，现在人们常常提到的是人民大会堂和民族文化宫，是他在创作巅峰时期的代表作。从我国现代建筑史的角度看，他完全可以称得上是这一个时期建筑师的代表，因为他在设计会堂、办公楼、旅馆、剧场、医院、高等学校等领域都是一个具有开拓性的先行者，对这些类型建筑的设计和发展起了重要的推动作用。同时他遵照梁思成先生"建筑词汇论"和"建筑可译论"的指导思想，在古为今用、洋为中用、推陈出新的道路上做了许多大胆的尝试，这也影响了一个时代。在他的作品中，无论在大屋顶比例和形式的探讨上，在三段式立面的处理上，还是在传统符号的简化和使用上，甚至在中西形式的结合上，都是值得建筑理论界和建筑史界进一步研究和总结的课题。

张总常常用自己亲身经历的正反两个方面的体会来帮助年轻的建筑师。他说过："我当设计院总建筑师时才 40 岁，新中国成立前在北京做得最大的工程就是府右街的北大医院门诊部，那不过是个二层楼，大量的经验都是在新中国成立后的实践中交学费积累起来的。"所以张总并不一味谈论自己的"过五关"而回避"走麦城"。在谈到关于国际俱乐部的厨房设计时，他反复向我们强调在新侨饭店厨房设计时没有考虑厨师在使用上的特点而带来排气不畅、使用不便等

1958 年张镈总向周总理和万里（左一）汇报人民大会堂建设方案

问题，并介绍了在此基础上加以改进的前门饭店，要求我们深入地向厨师长征求意见，要向实践学习，向第一线的使用者学习。他在自己的回忆录中也提到友谊宾馆设计中上下水不畅的"肾脏病"，排气不畅的"肠胃病"，暖气忽冷忽热的"神经病"，变电、锅炉环境不好的"心脏病"，并告诫我们"话越难听，记得越牢，改得越快"。正视设计中存在的问题、善于总结、不讳疾忌医的作风是他留给我们的宝贵财富，也是职业建筑师学习提高的重要途径。

　　作为职业建筑师，张总敏捷的思维、超群的记忆力、惊人的动手能力都给我们留下了极深刻的印象，让人觉得他好像是存储量特大的活计算机，随时可以调出所需的资料和数据。张总对他所经手工程的各种数据都可以信手拈来，如数家珍。他在回忆录中提到很多工程的开间、柱网都是在几十年以后凭自己记忆写出来的。就拿国际俱乐部工程来说,我是建筑负责人,亲手画的施工图,许多数据早都忘记了,可是张总提起这个工程的开间、层高、窗户的尺寸比例还是一清二楚,真让人佩服。在讨论研究方案时张总常是一面抽着烟,一面谈着话,然后图板上的丁字尺三角板也不闲着,经常是我们讨论还没有结束,他的修改平面或小透视图已经拿出来了。在分析体形的比例、空间的尺度时,张总能随口说出我们所熟知的一些建筑的实际尺寸,帮助我们对于尺度和比例有进一步的比较。有一次讨论西直门火车站(今北京北站)方案站前广场的大小,张总随口就说现在北京站的站前广场面积是六公顷。当时我还有点将信将疑,因为像天安门广场占地 40 公顷这比较好记,北京站的站前广场平时很少提起,于是下午偷偷去找当年北京站的资料,一查是近期四公顷、远期六公顷。这让我不能不佩服他对于宏观尺度的控制和记忆力。

张总还有一个突出的职业习惯,那就是喜欢算账,爱算经济账。他结合正反两面的经验教训,在设计中特别重视相关的面积、定额和指标,重视算造价,重视算大账。按说经济问题在我们的建筑活动中占据着举足轻重的地位,建筑业是重要的物质生产部门,同时也是消耗大量物资和人力的部门,所以稍有不慎就会造成损失,但建筑师在工作中也常常容易忽视经济问题,尤其近年来不问功能使用的经济性、不考虑投入产出的效益、只求外观不计成本等趋向好像有愈演愈烈之势,不能不引起我们的注意。在"文革"以前,张总曾主持对北京的宾馆建筑进行深入的总结,我看过那个油印本的总结报告,除了宾馆的实用技术问题外,大多是有关经济指标的研究,包括总建筑面

院创作委员会·

张开济同志于11/4/91·向市发提出建议。据
副市长偏爱"小亭子"，李报"院内人员不是把
精力用在如何贯彻党的建筑方针上，而是把脑
筋用在如何迎合市长的"爱好"上。……又说
"个别人假借官意，险逞私货"是歪曲了市长
的好意。我认为建议提得好。院内应对待·

（一）党的方针：政策是以位建国为主。在建
筑设计上提出"适用、经济、在可能条件下注意
美观"。十周年国庆工程发建前，万里同志代表
党中央提出要求是"多、快、好、省"地建成
有高度艺术、高度质量的国庆十大工程。把美
观和质量的标准，因时别异，提到前列。

党的十一届三中全会·提出改革·开放的
口号。经过实践·总结为"一个中心、两个基
本点"的总路线。说明事物在不断变化。尤其
是经过1976年的唐山大地震之后、建筑的损失
·抗震也引入日程之内。坚固、安全的因素·
首先由周总理在许多人大会堂才等的意见时、
提出内容装饰安全·坚固。是十分正确的。

张总的手稿

积，总客房数，客房、餐饮各部分的面积比例，客房的面积指标，餐饮部分的面积指标，单方造价等。这些深入细致的分析和研究，言而有据，科学地推进了当时我国宾馆建筑设计水平的提高，也为此后星级宾馆的分级和确定面积标准打下了很好的基础。在改革开放以后，为了适应吸引外资修建旅游宾馆的需要，1978 年院里从各室抽调人员成立了旅游宾馆研究小组，就在张总的指导下，在原有调研的基础上，研究外资旅游宾馆的面积、定额、指标，我也有幸参加了这一小组，大家还共同翻译了一本国外的旅馆设计指南。小组的寿振华还搞出了一个图集。后来面对首都住宅建设量的逐年增长，面对国土用地日益紧张的现实，张总对建筑密度、人口密度、占地率、绿地率等方面做了详细比较后提出自己对高层高密度的看法，由于算了大账、细账，还是很有说服力的。这就是张总经常强调的：建筑师应该"胸中有数"。

在以张总为首的首都各项重大建筑创作过程中，逐渐形成了一批配合默契的创作集体和技术骨干。建筑创作是个人和集体相结合的一项智力创造活动，在方案创作、技术设计、施工图设计的各阶段中均充满了不同专业、不同内容、不同深度的创作活动和合作。长年从事建筑创作的张总对此深有感触。所以阅读张总晚年完成的《我的建筑创作道路》一书就可以发现，他不但熟悉从方案到设计全过程的每个环节，也了解其中的技术难点。在回忆起他的几个重大创作项目时，前后提及的院内外有关领导及技术人员有数十人之多，并详细地提到这些人在工程中所起的作用和做出的贡献，可见他的谦虚、不居功以及对技术工作的重视。这在老一辈建筑家回忆录中是很让人注目的。

像书中对于建筑专家张德沛和孙培尧的评价极高，既是张总的切身感受，也是十分符合实际情况的，对于专业人员如结构方面的朱兆雪、郁彦和胡庆昌，设备方面的那景成、肖正辉，电气方面的王时煦、吕光大都给予了肯定，他们都是建院的重要技术骨干和权威，最令人感动的是在书中两次提到模型组李登斌老师傅的名字，也说明了不为人注意的李师傅在张总心中的地位。由此我也想起20世纪80年代中年建筑师田万新，因医生误诊不幸英年早逝。田长期与张总配合工作，其工作态度和人品有口皆碑。张总亲自参加了田的追悼会，其悲痛之情让在场的同志都为之动容。

张总病中还仔细总结了毕生创作中所积累的建筑师修养要点：1.端正立场、观点、方法，讲究时间、条件、地点；2.尊重历史唯物主义，运用辩证唯物主义；3.熟悉历史，古为今用，洋为中用，推陈出新；4.学习现代科学技术，避免机械唯物主义；5.传统比例尺度相关，大式小式依据则例；6.统一各专业间矛盾，靠过硬的基本功和技巧；7.遵从"经济性"并精打细算，重视面积、定额、指标；8.学习城乡规划设计，深入城市分区；9.倾听群众意见，领会领导者意图。这是张总留下的宝贵遗言，也是值得职业建筑师认真领会的一笔财富。当然张总也不是完人，他有缺点，也有他的局限性，这包括个人的一面和历史的一面，这需要我们以历史和辩证的眼光来加以认识，但不管怎样，他的作品，他的思想，他对新中国建筑事业发展所起的作用，他为北京城市建设耗费的心血，他对北京市建筑设计研究院的发展壮大所做的贡献都将为人们回忆和纪念。

由此也想到我们建筑界已过世的其他老前辈，包括北京市建筑设计研究院的许多老前辈，他们都是我国现代建筑发展的推动者和见证人，他们的经历、经验、作品、学识都是值得发掘和分析的宝藏，也是当前研究现代建筑的历史和进程的重要内容。但十分可惜的是，许多第一手资料常常随着本人过世而无法为人所知，戴念慈大师去世将近十年后，其作品集才得以问世。有鉴于此，建议建院可否抽调力量，将张镈大师有关的作品、未建成的方案或草图、已刊或未刊的文稿、有关的访谈记录或相关的评论文章收集成册，及时刊行于世，相信这是件功德无量的好事，也是对张镈大师最好的纪念。

（本文原刊于《建筑学报》2000年第8期及

《建筑创作》2000年第3期）

故土中华忆揽洪

华揽洪先生是老一辈的建筑规划大师。2012年12月12日，他在法国仙逝，享年百岁。当时我正在美国小住，金磊先生在第一时间通知了我，我回信让他向华先生的女儿华新民女士转致慰问。今年回国后的第二天，即1月24日参加了华先生的追思会。华先生过去的老同事、老朋友和他的女儿华新民一起，共同回忆了他的经历、业绩、为人和生活。华先生1951年由法国回国，1955年到北京市建筑设计研究院工作，1977年退休回法国定居。他在中国生活的26年中有22年是在建院度过的，但1957年以后的那20年他并不顺利、并不愉快，受到了不公正待遇，满腔抱负无法施展，也无可避免地影响了他的成就，但这些并不妨碍我们对他的尊敬和怀念。

我是1965年被分配到建院工作的，当时院里有两位身材高大、高鼻深眼的具有外国血统的工程师，一个是华揽洪，一个是雍正华，当然华揽洪的名气更大些。那时，1957年的那场风暴已经过去了八年，华先生的"右派"帽子也在1960年被摘掉了，但当时人们仍对这批人以"摘帽右派"的另类称呼对待，所以我们大家都只能称他为"老华"。"文革"前老华在研究室工作，"文革"中虽也受冲击，但印象中还不

华揽洪先生

像陈占祥先生那样厉害，估计可能是因为他爱人是外国专家。但"文革"中建院两派群众组织的争斗也很激烈。曾任建院党委书记的李正冠当时表态支持其中一派群众组织，于是另一派组织就揭发他曾"向'摘帽右派'学法文"。当时老华已在建院供应室的情报组工作。陈占祥的女儿、作家陈愉庆在《往事并不如烟》一书中对此曾有回忆："李正冠隔三岔五来看父亲和华揽洪翻译的文字，一次他对父亲说：'我有一个计划，想向你和华揽洪学英文和法文，每周英文、法文各一节，如何？'""每周各一节英文、法文课，成了李正冠雷打不动的日程，北京市建筑设计研究院党委书记成了中国建筑界两大'右派分子'的学生。"在20世纪60年代初，党号召"向科学进军"，李正冠的学习可能就是响应这一号召的具体行动。但不知为何，李正冠学英文的事并不为众人知晓，而向老华学法文一事则在运动中时时被提起，成了这场群众组织争斗中的陪绑资料，时不时要"烧"上一下。"文革"后期，老华在新组建的第三设计室和大家一起参加运动和学习。当时我也在三室。他的座位就在建院老楼南翼东大屋的东南角靠窗处。除了设计人员都配备的一套设计图桌和图柜外，他比别人多了一个书架，上面放满了书，尤其是法文书。我的图桌离他很近，所以有机会和他聊天或利用全室在东大屋开会时，躲在一角翻看他书架上一本很

1999 年 6 月 23 日作者与华揽洪先生于国际建协北京大会时合影

厚的法文百科全书，里面有许多小插图印制十分精美。但当时并没有利用这个机会向老华更多请教或学习，可能是有所顾忌，现在回想起来真是感到遗憾。记得我们为家访还曾去过老华位于灯市西口的家，但去干什么却想不起来了。老华去法国定居以后，有两次在国内遇到他：一次是在 1999 年参加国际建协的北京大会时，在人民大会堂会场见到他；另一次是他为北京儿童医院的改扩建到建院来研究方案，在电梯间看到他。但这两次会面都是简单地寒暄问候几句，每每匆匆而过。不过，在人民大会堂时和他一起拍的照片成了现在难忘的纪念。

　　1951 年老华 39 岁回国后的那五六年是他比较活跃的时期。当时他在法国已有十几年在建筑和规划设计上的从业经验。据统计，他经手的设计项目有 50 多项，有些建成后一直使用至今，充分表现了他在设计业务上的经验和成熟。张镈总曾评论老华"在建筑设计和城乡规划上有独到见解"。老华先在北京市都市计划委员会工作。都委会这个机构成立于 1949 年 5 月 22 日，其任务是在保持北平为文化中心、政治中心及其历史古迹完整性和游览性的原则下，把这个古老的封建性城市变成一个近代化的生产城市。老华的父亲华南圭先生参加了都委会的成立并任委员。都委会的几任主任先后是叶剑英、聂荣臻和彭真，副主任是张友渔（时任副市长）和梁思成。1951 年时其机构主要人员有技术室主任梁思成、副主任华揽洪，企划处处长陈占祥，资料组组长华揽洪（兼）、副组长陈干，市政组组长华南圭（兼），办公室主任王栋岑（兼地用组组长），专家办公室负责人土曼斯卡娅。此前，对北京市的规划先后有 1949 年 8 月华南圭在北平市各界代表会议做的"西郊新市区计划纲要案"；1950 年 2 月梁思成和陈占祥曾联名提出的"关于中央人民政府行政中心位置的建议"，4 月朱兆雪、赵冬日对北京总体规划的建议，12 月都委会首次编制"北京总图方案"；1953 年 1 月华南圭对北京总体规划提出建议等。后来市政府为了加快编制规划方案，1953 年 3 月由都委会提出了甲、乙两个规划方案，其中甲方案由华揽洪和陈干主持，乙方案由陈占祥和黄世华主持。这两个方案在大布局上没有原则区别。行政中心都设在旧城之中，城市总用地都是 500 平方千米，常住人口 450 万，规划年限 20 年。但在中央行政区的布置方式、铁路总站的位置、城墙的处理方式上有所不同。尤其在道路系统上，甲方案在中心区保留棋盘式格局的前提下，分别从旧城的四角插入四条放射形的干路，而乙方案仍是传统棋式格局。从甲方案中可以明显看出老华的整体规划思想和风

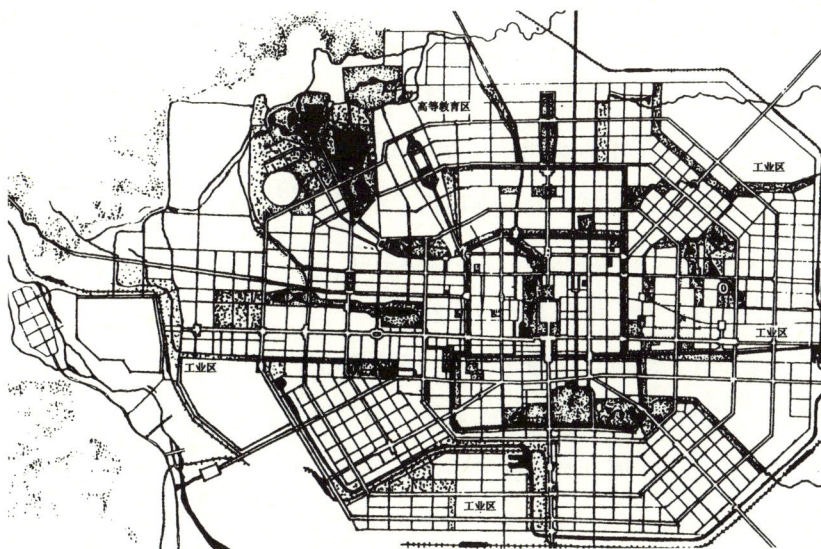

上图：1953 年北京市总体规划方案一
下图：1953 年北京市总体规划方案二

格，也可以看出他受到法国巴黎规划的影响。后来在甲、乙方案的基础上又提出过一个调整后的丙方案。同年 6 月，在郑天翔主持下，抽调一批中青年技术人员组成了新的班子，即"畅观楼小组"，在苏联专家的指导下，经综合修改提出了首都第一个总体规划方案，后来又提出了 1954 年修正稿，这时已经没有华、陈二人什么事情了，当然也留下了许多关于规划争论的"公案"。

老华在建筑设计上也留下了几件耳熟能详的作品。当时北京城市建设百废待兴，一大批医院、旅馆、办公楼和住宅需要兴建。仅就医院建筑而言，在那一时期就先后建成了北京苏联红十字医院（现友谊医院，1954 年）、同仁医院（1954 年）、积水潭医院（1956 年）等。北京儿童医院是于 1955 年 6 月 1 日竣工并投入使用的，老华和傅义通等建筑师对这个当时全国最大的、有 600 个床位的医院倾注了极大的心血。梁思成先生曾评价说："这几年的新建筑，比较起来，我认为最好的是儿童医院。这是因为建筑师华揽洪抓住了中国建筑的基本特征，不论开间、窗台，都合乎中国传统建筑的比例，因此就表现出了中国建筑的民族风格。"张镈大师认为：这个医院"在内容和形式上都有独到之处"。尤其是新中国成立初期，来访的波兰和东欧几个国家的建筑师代表团都给予了很高评价，也为这个项目赢得了国际声誉并为业界熟知。另外，老华也一直关注事关民生的住宅设计，"旧社会遗留下来的劳动人民的恶劣居住情况还没消除，随着工业化而来的城市人口急剧增加的新问题又摆到面前了。当前的急务是如何用最快、最省的办法来修建更多的住宅"。以北京为例，曾先后建成了一些住宅区，但在住宅区的规划方式上，受当时苏联规划手法的影响，

北京儿童医院透视图

如 1954 年建成的百万庄街坊，即由周边式或双周边式住宅小街坊组成，虽构图严谨，但也存在一些功能和使用上的问题。1956 年时正要兴建白纸坊和幸福村两个住宅区，老华的班子承担了后者的设计，他即按照自己的理想模式做了一次探索。张镈大师在"反右"时曾对幸福村的规划进行过批判，但在晚年时，他回忆道："华在居住小区住宅设计上主张外廊单元，在规划布局上采取不规则的组织排列组合，打破了当时的学苏'一边倒'的周边式布局，深得清华师生的推崇和赞许。"对这些工程，都应从历史的角度给予正确的评价。

老华为人正直、坦率，不隐瞒自己的观点，尤其是在国外受教育和长期生活在国外的背景，也使他观察问题有自己独特的视角。新中国成立初期，建筑界的学术氛围比较活跃，各种不同意见可以较自由地发表，老华也是这些自由讨论中的活跃分子。1956 年 10 月 25 日他在《北京日报》上发表题为《沿街建房到底好不好》的文章，对当时城市规划中沿街建房，尤其是建住宅的现象，从朝向、噪声、经济、美观等角度提出了疑问。他"不相信必须把建筑物放在一个不合适的朝向、给居民以不好的生活条件才能造成美丽的城市"，认为沿街建房"是过时的老办法，在欧美各国已经充分证明它不适合于现代人民生活，形成了不可挽救的恶劣局面"。针对北京和平宾馆受到过的批判，他在 1957 年上半年发表了《谈和平宾馆》一文，从底层的布局、标准层平面、门厅、外形、细部等方面分析了和平宾馆的成功和不足，认为"能比较正确地应用近代建筑的手法，和平宾馆还是少数的实例之一"，"当时我们建筑界未能正确地去吸收和平宾馆中的优点，反而在'结构主义'的片面批评之下，将其优点也一概抹杀了。现在我们应该回过头来，实事求是地来分析一下是非，从中吸取一些有益的教训"，"用分析实例的方法来说明一些建筑理论问题，是开展'百家争鸣'最好的方式之一，这个方式对设计的进步、设计手法的改进都会起到一定的作用"。此外，对于新中国成立初期北京的总体规划方案，对于苏联专家的意见和苏联的建筑作品，对于北京已建成的一些公共建筑和居住建筑，老华都直言不讳地提出自己的看法。1999 年 6 月，老华在回国参加国际建协北京大会时接受记者王军的采访，曾提起过这段往事："我被打成'右派'，一个主要原因是我提出苏联建筑设计与城市规划不好，主张搞西方现代建筑。那时，对苏联是'一边倒'，苏联的什么都好，不管是建筑设计还是城市规划，都是苏联第一。实际上，苏联的建筑艺术和城市规划相当落后，相当于西方古典主义的做法。他们实际上也在学西方，但学的是西方老的一套。一直到赫鲁晓夫上台后，才有了一个大变化。我被打成'右派'，说是因为我反对苏联等等，实际上，那时苏联在那方面已经开始转变了。"尤其是 1957 年 5 月底，《文汇报》记者刘光华在采访老华以后，以《不能光顾盖高楼大厦》为题整理了一篇访问记，老华在访问中提出："首先的问题是根据我国目前现有的条件和要求，根据我们的经济情况与人民实际生活水平，来决定城市建设中各种类型建筑的比重和建筑物的内容，从而研究建筑的形式。脱离了这点来谈艺术形式就是本末倒置。可惜到今天，无论是主管部门或是建筑家们，还没有都能认识到这一点。""我认为一般建筑的'标准'过高，已严重地脱离了我们的经济条件和人民生活水平，完全不符合过渡时期的要求——'用最少的钱，办必要的事'。"随之老华又点名批评了北京市委大楼："这幢楼不但标准高得惊人，而且已达到当前铺张浪费的最高峰——它的浪费程度的严重性，已远远超过过去被批判了的许多高楼大厦。"他的这些观点和言论都成了后来"以言获罪"的绝好材料。随着《人民日报》1957年6月8日《这是为什么》社论的发表，"反右"斗争大规模展开。老华和陈占祥一下子成了建筑界的右派代表人物。从7月到9月，大小批判会开了七次，当时的《北京日报》和《建筑学报》如实地记录下了这一过程。他们"反对党的领导，走资本主义道路""反对学习苏联""披着学术外表""有计划、有组织地进行了许多反党、反社会主义的活动"。最后老华写了近七千字的书面检讨，题目叫《低头认罪》，给自己扣上了"极端自高自大和反党思想""缺乏无产阶级的思想感情，缺乏对社会主义建设、对革命事业的责任感，就使我对一系列问题有了错误的认识，并且使我采取错误甚至于危害性很大的态度。最后，使我走上反党的道路"的帽子。一个在法国加入了法国共产党的中国建筑师，在回国以后却变成了著名的"反党人物"。

自1955年都委会被撤销以后，老华就到了规划管理局设计院即后来的北京市建筑设计研究院，成为院总建筑师和第六设计室主任，是建院早期著名的"八大总"之一。但因"反右"的开展，他的总工职务只干了短短两年半的时间。经过改造，他在1960年摘去了"右派"帽子，但他的"右派"改正结论是他已到法国定居后才于1979年1月做出的。结论中提到他的"右派"分子"属于错划，予以改正，恢复名誉，恢复原职务"。"在1957年整风'反右'运动中所写的文章和所提的意见，属于学术性问题，并非反对党和社会主义制度；有的意见基本上是正确的。"《建筑学报》到1982年才在一则声明中承认"把他们对建筑设计和北京规划所提出的学术性问题，都说成是政治问题，甚至错把他们划为右派分子，说他们是反党反人民的，混淆了学术和政治的界限，不是实事求是的"。所以张镈大师也感叹：老华"虽及时摘掉'右派'帽子，并积极参加工作。但是后来他始终未得重用，未能充分发挥聪明才智。说明这顶帽子一戴就会头重脚轻，举步维艰"。

老华的百岁生涯中，有42年时间生活在北京，其余时间都生活在国外，但他始终认为自己是一个中国建筑师，自始至终抓紧一切可以利用的机会为自己的祖国做一些事、出一把力。1955年，通过老华在法国的好友瓦格（时任国际建协秘书长）和他的牵线，中国建筑学会派包括老华在内的八人代表团出席了国际建协在荷兰海牙召开的第四次大会，并正式成为国际建协的会员，这也是我国学术组织成为国际组织成员的较早的例子。此后在1956年6月，老华作为学会的代表参加了国际建协城市规划委员会组织的华沙会议，1957年2月老华成为中国建筑学会的理事，并在同年4月受国际建协之托，代表学会访朝，考察了平壤和咸兴两个城市的规划。

　　即使老华是"戴罪之身"，也还做了不少力所能及的工作。如他在 20 世纪 60 年代敏感地发现北京的树木和绿化状况对于古都的保护和绿化的保护很有意义，"每一座四合院都是中国的国宝，每一座四合院里的树木都是国宝中的一部分"。于是利用当时眼疾病假的机会，他拿着北京老城区大比例的详图，一条一条胡同、挨家挨户调查四合院内外的树木，整理了一幅绿化图交给北京市政府。他觉得"自己的精力没有白费"，并在他 88 岁时回忆了这一段故事，"在巴黎遥祝绿色的北京老城长青"。"文革"中老华在供应室情报所工作。那时建院承担了阿尔及利亚博览馆的工程。这是建院较早承担的涉外工程，对图纸内容和文字说明要求很高，并完全要译成法文。老华就到设计室里承担了这些烦琐的工作，并亲自用打字机完成图纸上的法文说明。据说最后外贸部的专家来审查设计图纸时，曾对图纸中一些法文的翻译提出过疑问，后来向他们解释"这些都是华揽洪先生看过的"，于是马上"免检"顺利通过。在这项工程积累的基础上，老华又整理了厚厚的一本《法汉建筑工程词汇》在内部出版，为行业的业务建设尽了力。记得我去情报组时曾看到过老华整理的《法汉建筑工程词汇》的原稿，都是像整版报纸那样大小的一篇篇稿子，整整齐齐地放在一个大纸盒子里。后来他又陆续补充了一部分词汇作为补遗在内部印行。他在三室时并没有什么具体的设计任务，但他也自选题目搞一些他认为有用的研究。老华自己去晒图组找来一些裁下来的透明图纸边角料，宽约 20 厘米，然后在上面画好他的想法并附以说明，然后再晒成若干份蓝图分送给他认为有关的同志参考。我记得有一份是关于北京立交桥的研究。北京第一座立交桥——复兴门立交桥是在 1974 年

关于一般住宅中的几个问题
及其解决办法的初步设想.
(几个试点项目的建议)

下面提出在一般住宅存在的几个问题以及解决这些问题的一些设想,而希望通过一系列的试点工程来鉴定这些办法的实际效果。当然,这都是一些初步想法和较草的方案;在搞试点之前还需要通过三结合的方式和现场设计做些较细致的工作。

这些项目有:

[I] 北入口的挡风门廊.

[II] 地下室存自行车处.

[III] 阳台上的凉衣设施

[IV] 楼梯照明

[V] 楼梯中的"防内侧钟踏步　　[注1]

除了第三项是关系到建筑物的美观问题,其他都是从实用出发的,但都是或多或少要增加一点面积或造价的,因此是否是背大方向呢?尤其是当前北京的通用住宅的标准,比起外地的住宅已经高的不少了。

初步看法如此:这里提出的一些问题和项目都是属于生活上需要解决的问题,而当前又是作为试点项目而提出的,也不一定是很快就以推广的。

_____

[注1] 还有三四个项目(如厕所兼淋浴,奶报箱,外窗擦板等)待以后陆续提出。

华揽洪先生《关于一般住宅中的几个问题及其解决办法的初步设想》手稿

10 月完成的，是互通式全功能长条首蓿叶式的立交桥，但在使用中很快就发现其设计并未将非机动车和行人的流线解决好，和机动车道有许多交织点。老华针对这一问题画了很多方案来解决，因为非机动车的问题在国外是不存在的，这是中国的特殊国情。我记得他在图纸上画了好多箭头来表示不同流线的通过方式。另一个是关于窑洞如何在平时加强通风以利于使用的方案，记得他画了一些剖面来图示解决办法。还有一份是以文字为主，配以小插图，提出了他对住宅建筑设计中许多细部处理的看法，题目是《关于一般住宅中的几个问题及其解决办法的初步设想》。我记得其中一条是他认为楼梯踏步的断面不应是平的，而应是边沿上高，里面低上一点才更舒适；还有一条是认为过去在窗户下面的窗台都挑出一个小出檐，但他觉得这没有什么用处，如此种种。这些可贵的资料听华新民说她已收集到了一份，但像立交桥那份至今还没找到。

即使是老华回到法国以后，仍然时刻惦记着祖国，仍然为介绍中国的城市建设、促进中法两国的文化交流奔走。他曾在大学教过书，为巴黎的中国使馆、中国驻联合国代表处、中国留学生宿舍等设计和改建工程尽力。1981 年，他还在法国出版了《重建中国——城市规划的三十年》，就自己所掌握的资料向国外介绍了中国 1949 年以后的城市建设历程。2002 年，老华获得了法国文化部授予的艺术与文学荣誉勋位的最高勋章，以表彰他在职业生涯中"超乎寻常的职业责任感和为人的正直"。当国内建筑界的同行或同事到巴黎访问时，老华都是热情接待，并不顾年事已高亲自驾车陪同去参观巴黎的新老建筑，给国内来访客人留下了深刻印象。

老华是新中国成立初期从海外归来的规划和建筑设计专家，他对祖国充满热爱，他一心要用自己的学识和才智为国家、为人民做一番事业。但在当时的政治大环境下，他成了一个悲剧式的人物。老华在中国前后生活了 42 年，但他受到了不公正的待遇。他的能力、他的才华、他的志向都没有得到充分的发挥和施展。老华曾对作家韩素音说："你从来没有离开过中国，并住在中国；而我，1951 年以来，却仍是个外国人。"张镈大师说："三中全会恢复名誉，落实政策，全部发还他的高工资，爱人（法籍）终于再回法国第二故乡。但人已老，干不动了，实在可惜。"这不仅是老华个人的遗憾，也是我们国家和行业的损失。对老华有所伤害的事后来也发生过。记得是 2009 年 9 月 9 日，华新民到我的办公室来（这是我第一次遇见华新民），好像是来谈她们家在东城区的老宅面临拆除的问题，因她听说新的设计是由建院做的，所以找我问一下。我当时对她说："你先别忙这件事，有一件事比这事更着急。"因为儿童医院与建院紧邻，每天上下班都要经过，前几天忽然发现儿童医院的标志性建筑物——烟囱加水塔被用脚手架"包"了起来，并且从顶上开始拆除了。在我告诉华新民以后，她马上回去为保护这一现代建筑的重要遗产而奔走。9 月 14 日，北京电视台就在儿童医院进行了一次现场采访并很快播出，参加的有建院刘开济、王昌宁、刘力和我等一批总建筑师，还有规划局的一些同志，大家都讲了这栋建筑在新中国规划建筑史上的重要性，从保护建筑的完整性、作为文化遗产保护的必要性等方面谈了很多。《新京报》为此还发表了题为《请留下这处中国现代建筑的纪念塔》的社论，多家报纸对此事也做过报道，当时也起了一点作用，拆除工程

华揽洪全家合影

停了一段时间。但后来不知什么时候，趁人们不注意忽然加快了拆除的步伐，一个精品建筑的重要组成部分就这样消失了。据说这是环保局根据北京市要在 2008 年奥运会前拆除"废弃的烟囱"的指令而下达的文件，这个 35 米高的建筑其实是烟囱、水塔、钟楼的巧妙结合，无论从建筑本身，还是礼士路的街景看都是重要的组成部分，当初如果能和主管城市风貌的首规委多联系沟通一下，可能就不会发生这样的悲剧了。

我们应该永远记住华揽洪这个名字，记住他为祖国和他所热爱的事业所做过的一切，也希望从他的曲折境遇中吸取应有的教训。

2013 年 2 月 10 日

（本文原刊于《中国建筑文化遗产》第 9 期，2013 年 3 月）

怀念陈占祥先生

　　陈占祥先生走了。和他告别的那天我正好出差，只好托人向陈先生的公子陈衍庆学长转致自己的慰问。在我们这一代人当中，陈先生的名字对有些人来说可能有点陌生了。陈先生是北京市建筑设计研究院在 20 世纪 50 年代有名的"八大总"之一（尽管只有短短的三年），并且在北京市建筑设计研究院工作生活了 25 年。作为后辈，借此机会写些自己的回忆和感受，也是对陈先生的纪念。

　　在当年的"八大总"中，陈先生和杨宽麟先生一起负责第五设计室，陈先生任室副主任。20 世纪 60 年代我分配来建院时，正好也分在第五设计室，但那时杨、陈二位先生都已不在室里了。杨先生大概已经退休，只是在他偶尔来院参加"运动"时，远远望见过几次；而陈先生经过 1957 年的运动，以"获罪之身"离开了技术领导岗位，经过昌平沙岭的劳动"改造"，为了发挥他的一技之长，在院供应室翻译组做技术情报和建筑理论方面的工作，但五室的老同志还经常谈起杨、陈二位先生在室里时的逸闻趣事。

　　陈先生给我留下的最深刻的印象就是他那黝黑并富有漫画感的面庞了。将其面色形容为"黑铁色"也不为过，但在眼镜片后面却闪烁

陈占祥先生

着机敏甚至有点狡黠的眼神。另一个深刻的印象就是陈先生的英文。陈先生曾在英国留学八年，略带沙哑的英国标准发音为许多人所称道。据说那时许多援外工程图纸上的英文译文都需要陈先生来最后审定，这样外事部门就很少再来过问，陈先生表现出了作为审定人的权威性。可有一件事我一直也没弄清楚，就是为什么陈先生能说一口标准的英语，可他那江浙口音却让人听着有点费劲。

陈先生是在北京市都市计划委员会撤销之前几个月调任建院副总建筑师的，在室里主管过建国门外使馆区和社会路的沿街建筑的设计施工。当时的使馆区是新中国成立后的第一批使馆，除波兰、捷克使馆是由他们国家自行设计的，可称是新中国成立后较早的中外建筑交流之外，其他使馆都是建院设计的，皆是方整的体形、厚重的砖墙四坡顶。社会路的一组建筑都是多层的，用青砖砌筑。我觉得这些都明显受当时苏联流行的一些样式影响，采用三段式古典手法。但在细部加上一些须弥座上的莲瓣等，看上去比例适当，整体性强。但到1957年时，一切就都变得急转直下了。

这一切都源于陈先生在"鸣放"时写的一张不到1500字的大字报——《建筑师还是描图机器》。40多年过去了，一切都成了历史，但我想摘录一些当年那张大字报的内容：

　　建筑设计应当是创造性的脑力劳动，这是我们这一行的基本特征。不承认这一基本特征，工作准出毛病。

　　这多少年来我们设计了多少万平方米的建筑，速度是超音速。按理说这么多的设计实践早应锻炼出不少大师来，但是在旧社会里，即使是成功的建筑师，其一生的业务很可能勉强抵上我们院里一组一年的任务。瞧瞧我们的作品，屈指算算向科学进军的日益在缩短着的期限，真是令人心寒。这些散布在美好大地上的官方建筑——这是上海某些同行送给我们的帽子，指我们的设计呆板无味，死气重重而言，看来这帽子很合适——群众看不上眼，亦用不惯，我们自己何尝满意。长此以往尽管平方米数足够吓倒任何先进国家，离国际水平依然甚远，至于几年赶上，我看休想！

　　这么大的功绩应当归功于巨大的组织工作，居然把建筑师变成了描图机器！

　　当然这一毛病领导上要看出了，所以要求提高质量，这是正确的。在旧有的这个框子下——指的是这一巨大的机器——加上更多这样那样的措施，结果是使人透不过气来。效果呢？让我先占卜一下，我说凶多吉少。

　　怎么办？让我们大家鸣放吧。

　　我希望不要给我们什么工时指标而是给我们创造更好些的工作条件。问题很复杂，这里要牵涉到任务统一等等。

　　我希望院内管得少些，统得少些。这里有许多工作制度问题，我主张设计室和他的设计人员有更多的自决权。

　　我希望以政策作为创造的指导，让大家多修些人工纪念碑。

让我们拿出全盘脑力来设计出适用、经济，可能条件下美观的建筑物贡献给人民。非但有纪念碑而且有奖——我是比较庸俗的，认为钱非谈不可，错了的话，检讨受处分都心服口服。

我希望领导真正了解我们这个行业，看来这是被人误解的一个行业，否则我们怎么会变成描图机器呀！……

针对这些言论，建院、北京市、建筑界对他进行了多次大会小会的批判，同时还要联系家庭出身、新中国成立前的历史和经历、在都委会的一些主张和言论，当然还有一个"陈华反党联盟"，尽管大家也知道陈占祥和华揽洪二位先生"过去是很不对头，经常闹意见的"。梁思成先生对此也爱莫能助，只能对陈先生说："你为什么这样糊涂啊？"

我们见到陈先生时，那些疾风暴雨的批判早已过去多年。"文革"时他50多岁，经过长期的锻炼和"改造"，也已经摘去"右派"帽子，但看得出他仍非常谨慎小心，香烟抽得非常凶，帽子压得低低的，常穿的风衣还要把领子竖起来紧裹在身上，一副"破帽遮颜过闹市"的样子。当然，我们对他也存有一些"戒心"。但在翻译组，他却发挥了外文优势做了大量工作。记得那时为了配合院里的重点工程，翻译组都整理出十分详尽细致的专题情报材料。当时英文资料比较缺少，他就千方百计到各个图书馆去查找。据张莉芬同志回忆，当年设计首都体育馆人工冰场，是国内第一个室内冰场。当时有关技术资料十分缺少，就是陈先生各处查阅外文资料，为设计工作提供了详尽的技术保证。

其实陈先生擅长的是城市规划，他从 22 岁（1938 年）时起赴英留学，攻读城市设计和都市规划，1944 年师从英国"大伦敦规划"的主持人、著名规划学家阿尔康培爵士，协助完成英国三座城市的区域规划并获好评。1946 年他本想应邀来北平负责都市计划工作，但回国后被留在了南京；1947 年还和另外四位留英的建筑师一起成立了"五联建筑与计划研究所"，其中陆谦受先生曾是上海外滩中国银行的设计师，王大闳先生留英后又去美国哈佛大学学习。上海解放后，陈先生给梁思成先生写信，愿意北上从事规划工作。在建院他也向同事们说过："那时我并不是有多高觉悟，只想到自己学的是城市规划，应在这方面有所发挥。"梁先生在 1949 年 9 月 19 日给北平市市长聂荣臻的信中还专门做了举荐："我因朱总司令的关怀，又受曹言行局长的催促，由沪宁一带很费力地找来了二十几位青年建筑师。此外在各部门做领导工作的，也找来了几位，有拟聘的建筑公司总建筑师吴景祥先生，拟聘的建设局企划处处长陈占祥先生，总企划师黄作燊先生以及自由职业的建筑师赵深先生。各位在建筑学上都是有名气的人才。"梁先生还专门提道："陈占祥先生在英国随名师研究都市计划学，这在中国是极少有的。"梁先生对陈先生给予了极高的评价。这样陈先生举家于 1949 年 10 月到达北京，他随即参加了都市计划委员会的工作，并在 1951 年任都委会企划处处长。当时陈先生 35 岁。

陈先生到达北京以后，即参加了《关于中央人民政府行政中心区位置的建议》（以下简称《建议》）的研究，并于 1950 年 2 月正式提出《建议》。由于陈先生"反右"以后的身份，所以长期以来大家都是只知梁而不知陈，只有在梁先生的《梁思成文集》出版以后才知

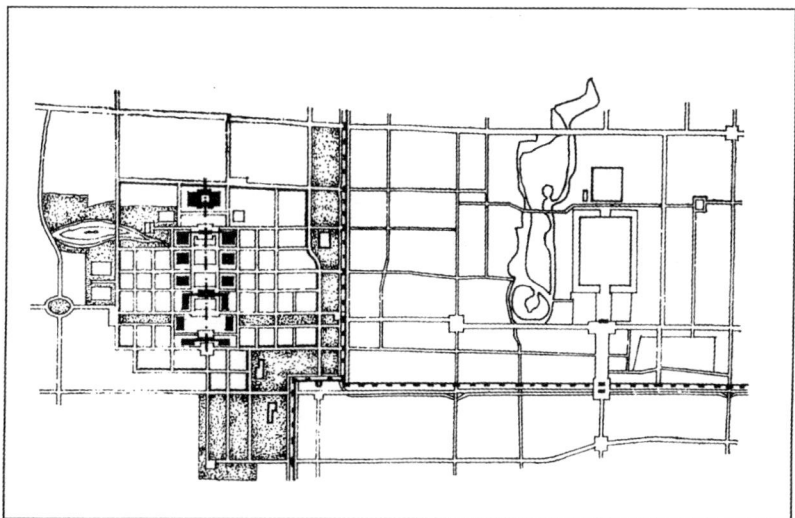

"梁陈方案"中新行政中心与旧城的关系

道陈先生也在其中。这份 2.6 万字的《建议》的主要内容就是希望早日决定首都行政中心区所在地，并请考虑按实际的要求和发展上的有利条件，在城外西郊月坛以西、公主坟以东地区建政府行政中心区。在《建议》的最后，连用了八个"为着"开头的排比句子来表示他们的殷切之心："我们相信，为着解决北京市的问题，使它能平衡地发展来适应全面性的需要；为着使政府机关各单位间得到合理的且能增进工作效率的布置；为着工作人员住处与工作地区的便于来往的短距离；为着避免一时期中大量迁移居民；为着适宜地保存旧城市的文物；为着减低城内人口过高的密度；为着长期保持街道的正常交通量；为着建立便利而又艺术的新首都，现时西郊这个地区都完全能够适合条件。"现在看来，这些都是北京市发展中所时刻需要面对的问题。当然还有一种意见主张行政中心应设在旧城，认为充分利用旧城的生活服务设施和城市基础设施可以大大节省建设投资，对北京城既充分利用旧的，又建新的能避免旧城的衰落，使旧城更加壮美。持这种意见的有苏联专家和国内另一些专家。

据陈先生回忆，《建议》中梁先生原拟把新市中心设在西郊五棵松一带。那儿是在1938年抗日战争时为了避免日本人与中国人混居而经营的"居留民地"，陈先生认为当时这种做法距城区太远，是置旧城区的开发于不顾，不如把西郊三里河作为新的行政中心，把钓鱼台、八一湖等组织成新的绿地和公园，同时把南面的莲花池也组织进来。这样形成了梁、陈联名的《建议》。但在最后上报中央的意见中认为行政中心放在旧城区"是在北京市已有的基础上，考虑到整个国民经济的情况及现实的需要与可能的条件以达到新首都的合理意见，而郊外另建新的行政中心的方案则偏重于主观愿望，对实际可能条件估计不足，是不能采取的"，这样从总体框架上决定了北京市今后的发展和命运，从而否定了梁、陈的《建议》。陈先生回忆，即使在这种情况下，梁先生觉得他们的《建议》对旧城区中心改建的可能性考虑不多，于是又和陈先生等研究在以天安门为中心的皇城周围规划，试图以城内"三海"为重点，南面与长安街和天安门广场的中轴线相连接，融合为一体。但这一补充方案却始终没有公开。陈先生回忆说："我是确切地知道它的存在的。因为有些图纸是我画的。"他还记得当时对团城下的金鳌玉蛛桥和景山前红墙的改建方案，并且梁先生不顾多病之身亲自着色，和大家干了一个通宵画彩色渲染图，最后完成1:200比例的通长画卷。

1953年，当时的都委会还责成华揽洪和陈占祥先生分别组织人

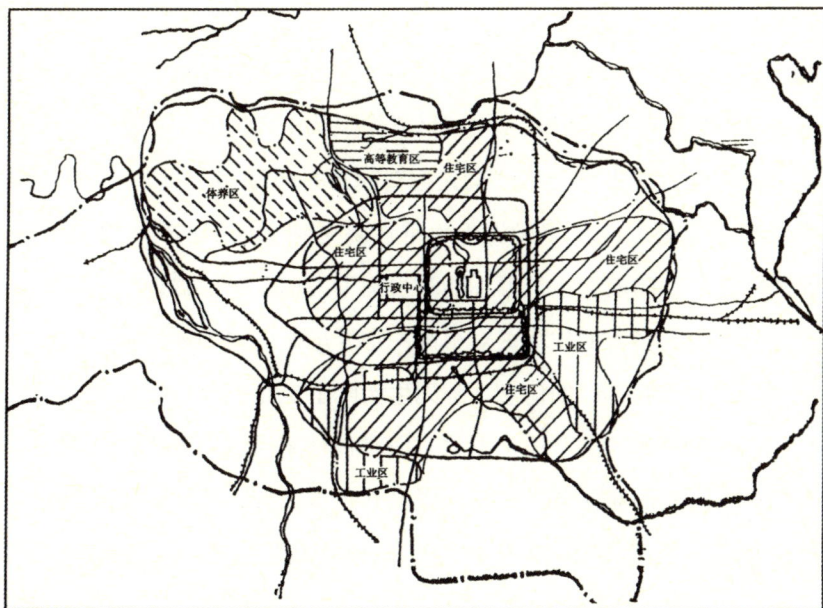

"梁陈方案"中各功能区与旧城的关系

员编制了北京市总体规划的两种设想（见本书第 75 页）。陈先生的方案保持了旧城棋盘式道路格局，旧城外的放射路与旧城环路相交，铁路不插入旧城，并把行政办公区集中在平安里、东四十条、菜市口、磁器口所围合的范围之内。此后又专门成立了畅观楼小组对总体规划的两个方案进行综合修改，于 12 月提出《改建与扩建北京市规划草案的要点》，由北京市委上报中央。但陈、华二先生都没有参加方案的研究，这个最后草案较系统地借鉴了苏联城市规划的经验，并聘请苏联专家巴拉金做指导。等到国家计委对规划草案审议并向中央提出意见报告时，陈先生即将离开都委会，调到北京市建筑设计研究院工作了。

陈先生由梁先生举荐来北京，而"反右"时的建筑学会的批判会也是梁先生主持的。但陈先生回忆梁先生从未因他的"右派"身份而有所顾忌，每次批判会后"梁先生对我总是鼓励多于批判"。更让陈先生难忘的是，1971 年梁先生病重住院见到来探望的陈先生时，还鼓励陈先生要向前看，千万不能对祖国失去信心。他告诉陈先生不管人生旅途中有多大的坎坷，对祖国一定要忠诚，要为祖国服务，但在学术思想上要有自己的信念。陈先生实际上也是一直这样做的，不管是"文革"时的冲击，还是下放时面对种种生活上的困难，比如在西直门大杂院里的居住条件，一张餐桌除吃饭之外，还要兼作睡觉之用等，他都能坦然处之。据中国城市规划设计院介绍，陈先生 1987 年退休后，于 1988 年赴美国。1989 年他拒绝了美国方面的挽留，返回祖国，表现了陈先生热爱祖国的赤诚之心。他也正是按梁先生的"宝贵遗言"去做的。

在关于"反右"的问题改正和落实政策之后，陈先生于 1979 年调任国家城建总局城市规划研究所（现中国城市规划设计研究院）任顾问总工程师。此后的 20 多年中，又可以经常在一些杂志上看到陈先生的文章了。1980 年年初，陈先生对北京城市规划中的首都性质和城市规模发表了意见。这时陈先生又能公开并坦率地表明自己的观点了，如首都规划体制的改革问题，对于首都作为外事活动中心（当时还没有国际化城市的提法）的应对措施，首都发展"第三级工业"（即第三产业）的问题以及城市规模必须按照规律来控制等。这些都是关于北京城市发展中的一些很有前瞻性、预见性的看法。

　　陈先生还重译了《雅典宪章》，新译了《马丘比丘宪章》。这两个对城市规划和建筑设计有极大影响、极大指导作用的重要文献被介绍给我们以后，其中的许多观点和原则都为我们所接受，关于休闲、交通运输、城市增长、城市设计、文物和遗产的保护、环境保护等课题已成为人们研究和关注的热点。陈先生离开建院以后，见到他的机会比较少了，常常只能在一些学术性的会议和需要他出面的场合上见到他，但都没有机会多谈。虽然那时陈先生比在建院时胖了一些，但风采依旧，面色依旧，机敏而幽默的眼神依旧，并且爽朗的笑声更多了。

　　陈先生的规划思想和学术观点，还需要进一步总结和研究。他重视规划理论研究，强调对历史文化名城的保护，主张建筑设计与城市规划协调统一，重视建筑教育的普及和提高。他的许多主张和看法，经过时间和实践检验，也被人们看得越来越清楚。

　　最后集成数句作为这篇纪念文章的结束：

　　　　负笈英伦报国回，怀志京华演城规。

　　　　新区运筹分内外，故都营造求是非。

　　　　书生总为直言累，大匠难免长年悲。

　　　　且喜厄运皆昨日，伏枥老骥奋蹄追。

2001 年 5 月

（本文原刊于《建筑创作》2001 年第 3 期）

忆设计大师胡总

　　日前，全国勘察设计大师胡庆昌的哲嗣胡明先生来访，言及要为父亲出版纪念文集，并邀我为之作序，当时我慨然允诺，这源于我对胡总的尊崇和敬仰。

　　胡庆昌大师，我们更常称之为"胡总"，是北京市建筑设计研究院的结构总工程师，是建院结构设计专业的第一位全国设计大师，也是我十分尊崇的老前辈。从建院结构专业的系谱来看，胡总应属于第二代的领军人物。建院第一代结构权威当属时称"南杨北朱"的杨宽麟和朱兆雪二位老总，他们分别出生于1891年和1899年，在民国时期即已活跃且知名于业界。第二代结构权威我以为当属胡庆昌和郁彦二位老总，他们分别出生于1918年和1914年，其主要业绩也都是在新中国成立之后。我在2012年出版的人物摄影集《建筑学人剪影》中，曾收录了一幅在1994年11月为胡总拍摄的肖像照，并附有一段由我撰写的简短的介绍："胡庆昌（1918—2011），出生于天津，祖籍浙江永康。1937年毕业于天津工商学院土木工程系，1938—1950年先后在唐山开滦矿务局、天津八区公路工程管理局平塘工程处、善后救急总署北平办事处、天津美孚公司等处工作。1952年进入永茂建筑

胡庆昌大师（1994 年 11 月 18 日）

公司设计部（现北京市建筑设计研究院）工作，历任副总工程师、顾问总工程师等职务，1989 年退休。1994 年获'全国设计大师'称号。此外，他还任美国 EERI 学会委员、中日结构技术交流会会长和名誉会长、西城区人大代表、中国建筑学会抗震防灾分会名誉理事、建筑结构分会高层建筑结构专业委员会主任委员、中国工程建设标准化协会钢结构标准技委会委员、全国超限高层建筑工程设防审查专家委员会委员等职。著有《建筑结构抗震设计与研究》等。"

其实胡总的学识和成就远不是这短短的简介所能包括的。由于年龄辈分、专业分工以及所属单位的不同，对于胡总的了解极其有限，但还是想利用一些篇幅来描述一下我记忆中的胡总。

在建院里胡总早期在一室，后期在研究室待的时间最长。在一室时，在张镈总建筑师领导下，共同完成了友谊宾馆、民族文化宫、民族饭店等传世之作。他们是同时代的人，张镈总在他的回忆录中多次提到与胡总的合作。在谈及 1953 年负责友谊宾馆工程时，张总回忆："我回忆起当年与我共事的同志，以感激之情记述他们的业绩。我曾物色了四个专业的负责人，建筑：孙培尧兼主持人，张德沛、王增宝；结构：胡庆昌、张浩……这些同志，当时的水平已经不低，到 1959 年，国庆十大工程报竣后，都已成为专家。"张总还有专门一段写到胡总："胡庆昌同志 1939 年（应为 1937 年）毕业于天津工商学院四年制土木工程系，学习成绩优良，自修能力很强。'三反'前他在新生事务所工作，后并入我院。成立一室后，他与张浩同志合作，任结构组长，为人正派，具有学者风度。对苏联专家郭赫曼建议的反槽形预制板持怀疑态度，主张做现场加荷载试验。个别领导认为这是对专家的不尊敬、不信任。为了负责，他自己做了加固而未申辩，说明有肯代人受过而认真负责的精神。"这是指当时郭赫曼要求胡总做预制板时做成了反槽形，"他们的理由是有两个优点：第一底板牢，可不再吊顶；第二，在反槽内填上隔音骨料，可防楼上噪音。但从结构性能上说，适得其反：不但减小了条板的刚度，反而因边条过矮，既不够力，又因超载而下垂弯曲。经过现场试压失败，不得不加大边肋的承载能力"。当时胡总的表现给张总留下了深刻印象。而胡总则回忆主楼结构参考新侨饭店，并请杨宽麟总到工地指导，向杨先生学习到很多东西，"时隔多年每一思及杨先生的教诲历历在目"。

与此同时，胡总在张镈总领导下，陆续主持了许多工程的结构设计，如天桥剧院（1953 年）、地质学院（1953 年）、北京工业学院（1953 年）、文化部办公楼（1956 年）、水产部办公楼（1956 年）、北京自然博物馆（1956 年）等。张总回忆："在文化部办公楼……

由胡庆昌主持结构，在土建方面都有突出的经济效益。"设计"国庆十大工程"之一的民族文化宫时，中央高耸的塔楼要求塔心必须中空，而不是在中心放置电梯和交通核，两侧的展厅要求大空间。为此张总专门找了胡总和张浩，因为"胡已成为国内外知名的抗震结构设计专家。我们在设计友谊宾馆时就是搭档，配合默契"。所以在高塔四角设立了四根顶天立地的"L"形角柱，从地下室穿过塔身到塔顶，"这四根柱础既承担全部恒荷载和活荷载，又起着抵抗八级地震的作用"，"采取4个大角柱把跨度拉到14米是科学的、适度的、经济的、灵活的"。而对展厅的连续井字梁胡总与张浩也合作默契，所以张总感叹："在方案阶段，土建和建筑专业合作密切，可以避免浪费、节约投资。这二位专家都不是赶风头的，是实事求是的实干家，令我折服。"这正是他们密切合作后张总的肺腑之言。

而"国庆十大工程"中的民族饭店，对胡总来说是更大的挑战，因为这个工程不仅和其他国庆工程一样，是边设计边施工的（方案在1958年10月确定，全部图纸是1959年4月出齐），它同时又是国内第一栋采用预制装配式混凝土框架结构的高层公共建筑，总面积3.4万平方米，最高点48.4米，有客房597间。装配式结构过去在北京住宅建筑上曾有过应用，如工业化的砖砌块和震动砖壁板体系，而在公共建筑上应用还是第一次。采用的预制构件也包括各种楼板、大小梁、内外柱、抗震墙、楼梯、阳台和屋檐。而首层以下及第11-12层为现浇混凝土。在当时结构抗震计算方法还很不完备的条件下，设计要克服许多困难，同时也取得了宝贵的设计和施工经验。在此基础上，建院在1964年又完成了国内第一个全装配整体式框架结构的高层办公建筑——民航总局办公楼。该建筑最高点为54.50米，装配面积占总建筑面积的78.58%。后来胡总到研究室后就把装配式钢筋混凝土框架结构的设计计算方法和有关节点处理作为自己研究工作的重点之一，通过试验和工程实践取得了许多创造性的成果，其成就为业界所公认。最近国务院办公厅印发《关于大力发展装配式建筑的指导意见》，提出要力争用十年左右的时间使装配式建筑占新建建筑的比例达到30%，这使我们更加铭记胡总作为装配式建筑结构的先行者和开拓者的功绩。

　　和胡总的直接工作接触是在亚运会工程时，建院承担了亚运会中的13个设计项目，早在1986年2月院里就成立了工程设计领导小组，并决定由刘开济、吴观张、胡庆昌、杨伟成和吕光大五位院总负责技术协调（胡总是在1981年成为院结构副总工的），等到北郊体育中心（即后来的国家奥林匹克体育中心）定案之后，这几位老总就成为技术领导小组的成员。当时为了抢工期，游泳馆和体育馆工程正式批案还未下来，就已在1987年4月开槽挖土，这时一系列结构上的技术难题就需要胡总来把关拍板，如游泳馆的基础底板因地下水位增高，其厚度需要2.56米来平衡水压，很不经济，施工也很费力，最后和勘察院共同研究后采取了底板周围下部设置盲沟，并用自动泵控制水位，最后将底板厚度减到1米。又如两馆的屋盖结构分别是斜拉索双坡钢桁架组合屋盖（游泳馆）和斜拉网壳组合结构（体育馆），是国内的首次采用，为此游泳馆按1∶150的比例制作屋面模型在低速风洞中进行了风洞试验，体育馆在院内研究室做了原大1∶20的斜拉网壳结构模型试验，对结构的变形、受力性能和内力变化，温度和地震对结构产生的位移等内容进行了测定。同时还进行了连接节点的原型荷载试验，最后采用了新型的空间板式四球组合体节点。我印象最深的是两馆的钢筋混凝土塔筒在斜拉索作用下处于大偏心受压状态，为了提高塔筒的刚度，防止混凝土出现裂缝，在筒体的受拉区布置了竖向预应力钢筋，通过张拉减少了塔顶的水平位移和徐变，塔筒基底处设预应力管桩，减小基础转动而引起的侧移。这些此前国内从未遇到过的技术课题，都是在胡总的指导和亲自研究过问下提出了妥善的解决方案，也保证了工程在十分紧张的两年时间里还能比较顺利地完成。

亚运会工程全部完成时，胡总在 1989 年 11 月退休任顾问总工程师，但仍在研究室继续他的研究工作，同时除了在国内结构界继续发挥他的经验和才智，主持和参与一些重要的科研、规范制度工作外，还在国际结构学界的交流活动中发挥着重要作用，记得他和日本抗震权威坪井善胜、梅村魁等人都有密切交往。1994 年建设部评选第二届全国工程设计大师，共 121 名，这也是继 1990 年评选出 120 名全国工程设计大师以来的第二次。第一届评选中建筑行业中的结构设计大师有孙芳垂、容柏生、杨先健、陈民三等四人，第二届的建筑结构设计大师有胡庆昌、吴学敏等人，这也是对胡总多年来辛勤耕耘、成就斐然的真实评价，称得上是实至名归。那年的 11 月 18 日，胡总在京西宾馆领奖时，我为他拍了一张照片，这是他留给我的最好纪念，那时他已是 76 岁的老人了。

尽管胡总年过古稀，但胡总研究、钻研、开拓的精神并未因此而中止，他还不分寒暑骑自行车到建院来。我在院里遇到胡总的机会倒好像比较多，每次都要对他进行问候并简单地聊上几句，胡总的老

院总和院领导春节聚会（前排右五为胡庆昌）

伴去世和"非典"时他遇到的变故也使我对他更为关心，多次劝他就不要再骑自行车了。记得有一次在院里看到胡总，我就劝他："您都80多岁了，还到院里来干什么？"他说："不行，我还要来了解我们专业的最新进展，不然就跟不上时代了。"我又说："跟上时代的事情您就让年轻的同志们来做好了，对于您来说，怎么能把您所经历过的'国庆十大工程'时的细节，您所接触的一些人和事情回忆出来，那才是更重要的呢！因为您是亲身经历者，掌握着第一手资料，是别的人无法替代的。"也许我说的这些对胡总还有所触动。后来我听说他也曾想着手做这方面的工作，但可惜因为生病和去世，这些工作就没有完成，不能不说是建院和业界的损失。

严格说虽然和胡总在建院共事40多年，但真正在工作上的配合，真是少之又少，个人之间的交流也极有限，所以我对胡总的这些回忆许多都是依靠第二手、第三手的资料。但是由此又引起我鲜活的记忆和印象，在我心目中，胡总是和蔼可亲、平易近人、潜心学问、严谨认真的学者和工程师，他的学术成就和为人品德给我留下深刻印象。记得在新世纪以后（忘记是哪一年了），何梁何利基金会让我推荐科学技术进步奖的候选人，这个奖项共分 17 个学科，授予在特定学科领域取得重大发明、发现和科技成果者。按照我心目中的标准判断，胡总应该是有资格获得这一荣誉奖项的。所以我就为胡总整理了一份推荐书报送上去，可惜最后胡总并没有入选，我想也许是我的材料写得不够详尽清楚，也许是评选委员会对这个专业的情况以及技术特色不太了解，也可能是那几年的评奖在工程建设方面偏向航天和国防……但不管怎样，在每届何梁何利技术科学奖候选人的推荐中，我只推荐过胡总一人，这也说明胡总在我心目中的地位。

今年是胡总仙逝五周年，到 2018 年是胡总的百年诞辰，胡总的后人和有关方面通力合作，准备将胡总的专业学术文字等结集出版，并出版胡总的纪念集。书比人长寿，这将是胡总尽其一生之精力为我们后人留下的宝贵财富，也是我们对这位可敬的老人的最好的敬重和纪念。

2016 年 11 月 4 日

敢乘东风学少年

——怀念巫敬桓、张琦云伉俪

虎年春节前夕，建院老建筑师巫敬桓、张琦云夫妇的小女儿巫加都到办公室来找我。和加都大概有 30 年没见面了，我脑子里还是她少年时的孩子形象，但这么多年她好像也没多大变化，她自中国人民大学新闻系毕业后，目前已是新华社的记者和高级编辑。这次她带来了她们家属在巫敬桓 90 周年诞辰时为父母出版的一本《艺术作品集》，装帧十分精美，内容也很丰富，图文并茂，很有可读性和保存价值。

加都说她最近正策划正式出版一本纪念集，邀我写一篇稿子。看着书中巫、张二位熟悉的身影，回想我和他们二位都有过或长或短共事的经历，作为加都的"小马叔叔"，我很痛快地应承下来。

巫敬桓、张琦云夫妇都是国立中央大学的毕业生，从事建筑设计工作 30 余年。在我国近现代建筑的发展过程中，除去以杨廷宝、梁思成为代表的有国外留学经历的第一代建筑师，自 20 世纪 20 年代始，我国已有自主培养的建筑系毕业生。从 1923 年的苏州工商专科始，陆续有国立中央大学、天津工商学院、东北大学、重庆大学、圣约翰大学、沪江大学、之江大学、东吴大学、南洋大学、北京大学、中山大学、勷勤大学等设有建筑系或土木系。这些学校毕业的建筑

1948 年，新婚的巫敬桓、张琦云夫妇

师在抗战中、抗战后直到新中国成立以后的相当长时间内，在建筑设计、施工和建筑教育诸领域中均起着骨干和引领作用。以国立中央大学为例，自 1927 年创建后，建筑系毕业生中比较为人熟知的有张镈森（1931 年），戴志昂（1933 年），张镈、张家德、张玉泉、唐璞、林宣（1934 年），张开济、徐中、何立蒸、孙增蕃、王秉忱（1935 年），方山寿、章周芬（1939 年），周卜颐、刘光华（1940 年），卢绳、郑孝燮（1942 年）、戴念慈、汪坦、殷海云（1943 年），吴良镛、程应铨、黄康宇（1944 年），胡允敬、向斌南、辜传诲、陈其宽、严星华、巫敬桓、张昌龄、刘导澜、张守仪、朱畅中（1945 年），张琦

建築工程系（卅四年二月畢業）

姓名	性別	年齡	省	縣
周慶素	女	二五	安徽	涇縣
周輔成	男	二八	浙江	吳興
孫恩彝	男	二七	浙江	吳縣
方春怡	女	二三	浙江	鎮海
王之庚	男	二四	江蘇	句容
王祖蕐	男	二四	浙江	嘉善
朱暢中	男	二五	浙江	鄞縣
嚴星華	男	二五	廣東	番禺
鍾漢雄	男	二六	浙江	嘉興
沈奎緒	男	二五	重慶市	
巫敬桓	女	二三	浙江	天台
胡佩英	男	二四	浙江	鎮海
陳昌幹	男	二四	廣東	文昌
張昌齡	男	二五	廣東	
黃耀霖	男	二五	廣東	海豐

— 94 —

1945 年 2 月国立中央大学建筑工程系毕业生名单

云、宋云鹤、黄宝瑜、林建业（1946 年）、张良皋、童鹤龄、劳远游、黄兰谷（1947 年）、潘昌候、王翠兰（1948 年）等。对这一代建筑师的工作和业绩目前仅有少数或零星的评述和研究，还缺少全面、综合的介绍和评价。随着许多当事人的先后离世和第一手资料的稀缺，看来需要不断发掘和充实，需要做许多抢救性的工作。

回忆巫敬桓、张琦云夫妇，还要从王府井百货大楼说起。王府井百货大楼是北京在新中国成立初期建成的大型公共建筑。那时我正在上高中，每次上学放学乘公共汽车都要经过王府井，下课回家之前除到东安市场的丹桂商场看书外，有时也到百货大楼转转。本来这儿叫

1953 年巫敬桓所绘北京百货大楼渲染图

"北京市百货公司"，但那时很少有这样规模的大楼，于是人们习惯了叫"百货大楼"，连公司自己也把这里改称"百货大楼"了。那时我还没学建筑，但百货大楼和北京原有的西式多层商场——前门劝业场相比，规模和装修标准都要先进很多，风格也不相同，尤其是底层的深色大理石，宽大明亮的商业橱窗，还有自动升降的金属格栅门等都给我留下了深刻的印象。等考上清华建筑系以后，在大学三年级时发了一本清华建筑系民用教研组编写的教科书《建筑画的构图和技法》，在教材文字内容之外，还有大量彩色的实例插图，除国外作品和系内师生的作品外，唯一的一幅由国内建筑师署名的彩色透视图《北京市百货公司》，作者就是巫敬桓。教材用这一实例来说明建筑细部和面砖的表现方法。正好那年 7 月北京市土建学会在劳动人民文化宫举办第一届"建筑工作者绘画展览",我们学生肯定要去参观学习的,就在那里看到了百货大楼透视图的原作。除严谨、扎实的建筑物渲染外,流畅、生动的配景处理,尤其是正面的两棵大树配景,虽看似不经意却格外生动、极具功力。在那次展览上,令人印象深刻的还有清华戴志昂教授的《红楼梦》大观园复原图,我们都把平面图仔细地画了下来。

等我毕业分配到北京市建筑设计研究院后,才知百货大楼设计人所在的兴业公司在 1954 年后并入了建院,兴业的一把手杨廷宝先生很长时间内还是建院的顾问。我那时在第五设计室,兴业的大部分班底如总工程师杨宽麟,结构工程师孙有明、程懋堃,设备工程师杨伟成等都在五室,而建筑师巫敬桓好像已不在五室而在二室,张琦云在标准室,另一位结构工程师马增新在研究室。以后逐渐接触商业建筑多了,才知百货大楼 7.5 米 ×7.5 米的柱网,在新中国成立初期的结构设计中有不少突破,而这一柱网尺寸作为比较经典的商场柱网,被沿用了很长一段时间,被许多商业建筑采用,直到近来商场的地下停车场逐渐多起来,柱网的尺寸才有所扩大。

和巫敬桓有较多的接触还是在毛主席纪念堂工程时期。那时院里对于工程师级别以上的同志常以"某工"相称,可我觉得叫他"巫工"好像不那么好听,所以一直以"老巫"相称。其实在建纪念堂以前老巫还参加了我国那时最大的援外工程坦赞铁路的站房设计。坦赞铁路是 20 世纪六七十年代中国在自己也十分困难的条件下,提供了9.88 亿元无息贷款,历时十年,在 1976 年建成通车的重大工程,是贯通东非和中南非的交通大干线，其工程浩大，技术复杂，施工困难。在 1860 千米的全线有 93 个车站，包括终点坦桑尼亚的达累斯萨拉姆的车站。当时承担设计任务的是天津的铁道部第三设计院，他们建筑设计力量相对不足，于是请求建院支援。院里就派出了老巫、凌信伟和徐岂凡三人，与"铁三院"合作圆满完成了任务。在院里好像还讨论过方案，准备按站房不同的规模，采取不同的标准设计。又过了十几年在北京西客站再次和"铁三院"合作时，我就和他们讲，这已经不是两院的第一次合作了。

　　毛主席纪念堂工程是 1976—1977 年的一项重大工程。可能是院领导考虑这是个全国瞩目的政治性很强的工程，又时处"文革"后不久，所以在参加人选上挑得十分谨慎。尽管方案设计时全国各地来的专家有杨廷宝、陈植等诸多老前辈，但建院的张镈总、张开济总都没有参加。在方案确定后以建院为主成立了毛主席纪念堂工程设计组，仍是以青年为主，中年的建筑师有吴良镛、方伯义、巫敬桓、扬芸、王炜钰等。其中北大厅、瞻仰厅和南大厅的装修设计都配备了很强的设计力量。北大厅是方伯义、王炜钰和刘力；瞻仰厅是扬芸和鲍铁梅；南大厅是老巫和部院的庄念生。从空间序列上考虑，三大厅中北大厅是举行仪式或集会、致敬的地方，瞻仰厅是纪念堂的核心，南大厅着重鼓舞斗志、激励前进的基本构想。南大厅空间尺寸并不大，只有 27.4 米 ×9.8 米，呈长方形，从瞻仰厅出来的人流在这里汇合后走出纪念堂的南门，对面正阳门城楼上面有"继承毛主席遗志，将无产阶级革命事业进行到底"的大幅标语，作为瞻仰过程的结束。南大厅的墙面上经研究决定采用毛主席的《满江红·和郭沫若同志》

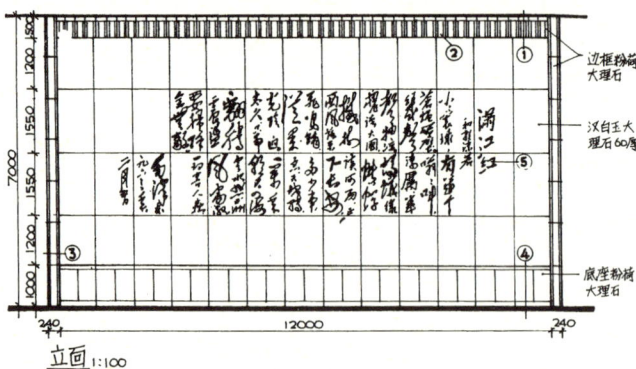

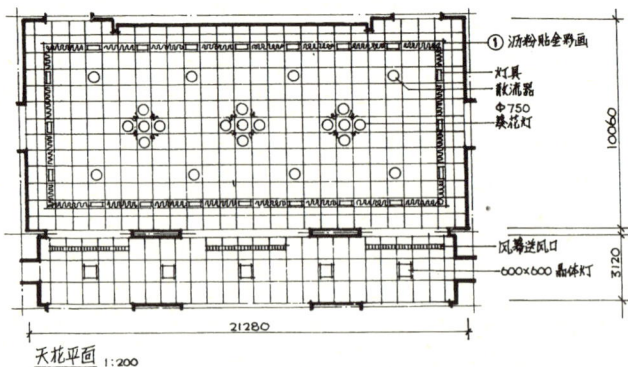

上图：1977 年巫敬桓（前右二）在毛主席纪念堂工地（作者后左二）

中、下图：毛主席纪念堂南大厅立面及天花平面

一词的手书，但手书横幅比例窄长，墙面不好布置，于是将原手书两行并作一行，形成了长方形的比例。三个大厅的装修图纸中，老巫负责的南大厅是最早完成的：在汉白玉的墙面上镌刻着金光闪闪的毛主席手书，装修彩画的花饰也借用了"芙蓉国里尽朝晖"的诗意。在纪念堂工程中老巫和我们不分日夜，一起加班，他常年血压很高，每天都要定时服药，但中午也只是趴在图板上小憩一会儿。另外老巫为了控制抽烟，把每根香烟都从中间切开，整整齐齐排在烟盒里，每次只抽半根。那时纪念堂设计组留下了三张比较正式的工作照片，当然都是在工程后补拍的。一张是参加方案设计时以杨廷宝先生为中心的群体照；一张是以设计组党支部成员为中心的群体照；还有一张就是设计人员的集体照，这张照片里老巫就坐在设计桌的正中间，手指着纪念堂的模型，给我们留下了宝贵的记录。当然设计组在工程快竣工时也还拍过一些照片。

我和张琦云的共事可能要更早些，她最早在标准室。成立于1953年的这个室主要满足计划经济体制下住宅和中小学的标准设计，那时和她的接触很少，但她传奇般的经历在我来院以后很快就听到了，那就是在新中国成立前一次飞机失事中，只有她和另外一个人奇迹般地活了下来。我们除了认为她福大命大之外，还听说之所以能出现这一奇迹，是因为她坐在飞机的最后一排，这在好长时间里给我一个印象——飞机的最后一排是最安全的地方（后来多次空难的事实表明生还概率和座位位置毫无关系）。张琦云走起路来老歪着肩膀，我也一直以为是那次飞机失事造成的，后来才知是因患病而在手术时去掉了几根肋骨所致，这也使她行动不是特别方便。

　　"文革"以后建院内的室组有比较大的调整。1974年以后，我到第六设计室任副主任时，张琦云就在六室建二组，组长是黄晶和张长儒。那时室里年纪稍大的老同志已经不太多了，建筑方面除她以外还有黄世华，结构方面有朱宝庸和马明益，所以室里讨论设计方案把关的技委会，经常要请她发表意见。又如那时多少年都难逢一次的调整工资，由于她工资较高，大概不属调整范围之列，所以就比较超脱，和支部成员一起成为调资小组的成员。由于她关心青年同志，待人热情，是名副其实的老大姐，所以我们都以"张大姐"称之。

　　张大姐对工作认真负责，敬业努力的精神给我留下了深刻的印象。我在六室工作的几年中她先后主持过小型使馆、中国人民大学的学生宿舍、月坛北街路口的高层住宅、和平里商场配套建筑等许多工程。那时经常要现场调研、现场设计，还有众多的政治学习和活动，我印象中她几乎天天晚上都要来加班，很晚才离开。（因为当时我也常带着上小学的孩子到办公室来，我加班他做作业，所以知道这事。）那时都是手工绘图，张大姐50多岁了，身材瘦小，还和年轻人一样趴在图板上勾画。还有一个故事也可以从侧面说明张大姐的认真。有一次室内组织外出调研，带队的是吴庭献。途中从大连乘船前往青岛，当船行到海上中途时，吴庭献突然召集考察组的全体成员开了一个紧急会议，他用沉重的口气十分严肃地对大家说："现在阶级斗争的形势很复杂，根据船上提供的情况，在我们前方发现了一艘身份不明的可疑船只，分析很有可能是台湾方面的船，为此我们要做好应付各种复杂局面的准备，这也是考验我们的时候了，下面就请大家表态。"张大姐首先发言，说我们应站稳立场，经受考验，对敌做坚决

1973 年巫敬桓、张琦云全家合影

的斗争，等等。（我是事后听他们回来以后复述的。）据说张大姐的发言还没结束大家就忍俊不禁了，原来整个事件都是吴庭献策划的恶作剧，当然由此也可看出张大姐的为人。在室里张大姐一直在积极争取入党（后来听说是在张大姐病危时，黄晶去医院病房通知她党员转正的消息）。除设计业务外，政治学习、参加运动等她都十分积极，那时室里每年评选先进几乎都有这位老大姐。

老巫和张大姐为人谦和、平易近人，对我们年轻同志都十分热情。记得他们曾邀我们去他们位于院内眷宿五楼的家里做客。我在建院期间很少去同事家里，除非是领导布置家访以示关心同志才去造访。就是在那次，我看到了他们所保存的自己的画作。老巫的水彩画尤其精彩，得李剑晨先生的真传。从水彩画里看得出老巫有十分扎实的基本功，素描关系掌握得很到位（后来老巫还是建院业余大学的专任美术教师）。从风格上，老巫的水彩画好像与那时比较流行的英国水彩画十分相近，看上去水分饱满、淋漓酣畅，颜色的交融和渗透十分老到，已经形成了自己固定的风格，而人物和静物的素描也非常熟练。这次从加都赠我的书中重温老巫和张大姐的画作，等于又回放了在巫家欣赏画作的情景，也更加感到老巫的水彩画，除杨廷宝、梁思成、童寯等建筑大家的作品外，在他那一辈人中应是首屈一指的。在那次做客中，还了解到张大姐有一个从事中医的弟弟十分了得，张大姐也常托他开方子来解决同事的一些疑难杂症，从这也可看出老大姐的乐于助人。还有一个印象是老巫那时是四级工程师，每月工资 200 余元；张大姐是六级工程师，每月工资是 156 元。而院里中专毕业的职工，每月工资才 37.5 元或 42 元；大学毕业生转正后每月工资 55 元，两者收入差距较大。但老巫和张大姐都很大度，经常"慷慨解囊"，对钱看得不是那么重。

毛主席纪念堂工程结束以后，大家都回到院里，老巫就在原研究所的二层小楼里上班。在一个星期六的下午，听人说老巫在中午发病后被送到人民医院抢救。我看加都的书中对老巫卒年只注明 1977 年 9 月，没有具体日期，为此我专门查了一下工作日记，发现老巫是在 9 月 17 日去世的，因为在 9 月 18 日（星期日）的日记中只记了一句话："巫敬桓昨晚脑出血去世。"在 9 月 21 日（星期三）则记着："上午去八宝山公墓参加巫敬桓同志追悼会，张一山主持，张浩致悼词，家属讲话，最后与遗体告别。"张大姐去世时因我已去国外学习，所以就不太清楚了。他们夫妇二人去世时都不到 60 岁，按现在的话来

左图：巫敬桓画作《北海倚晴楼》（1971 年）
右图：巫敬桓画作《天津滨江道》（1971 年）

说真是"英年早逝"了，这对可敬可爱的夫妇的确走得太早了，刚赶上改革开放的当口却离开了我们，不然在新的形势下，肯定能发挥出更大的作用。

在巫、张《艺术作品集》中，收录了老巫为张大姐分别绘于 1945年和 1971 年的两幅画像上的题诗（作于 1971 年），揭示了他们夫妇的心情和感情：

轻拂旧画牵旧痕，同窗故事浮眼前。

沙坪晚霞游松林，嘉陵朝雾听归船。

倭寇横行灾难重，豺狼当道怨难言。

但盼雄鸡早报晓，挨过黑夜见青天。

喜看神州宏图展，快把大地新装添。

推敲同绘明日景，唱和共语今朝甜。

二十余年同欢笑，再弄丹青画容颜。

莫道容颜显苍老，敢乘东风学少年。

　　他们二人伉俪情深，这里我又记起一个小故事，是他们大学同系学友严星华讲的。张琦云在上大学时，建筑系一位年轻教师对她也有意，于是频频到她的图桌前为她改图，弄得老巫每次都十分紧张，但他们二人仍终成眷属。他们夫妇可以说是"六同"：同是四川人，大学是同学，曾同在国立中央大学任教，同时到北京市建筑设计研究院工作，同任高级工程师，同为首都的建设事业贡献了毕生的智慧和精力。他们的心态就像老巫所写的"敢乘东风学少年"——努力学习，努力工作，努力赶上时代前进的步伐。虽然他们过世已二三十年，但我们不会忘记他们，也不应忘记他们。希望他们夫妇的纪念集能够尽快问世，也希望看到更多反映和回忆他们这一代建筑师的文章和文集。

2010年3月

（本文原刊于《建筑创作》2010年第4期）

行业泰斗王时煦

　　王时煦老先生是北京市建筑设计研究院的老专家，他在建院初创成立的第二年就加入了，是院里的第一代电气专业高级工程师，也被业界誉为"我国建筑工程电气行业泰斗级的人物"。我专门写这样一篇回忆王老的文字，一方面由于他在电气专业方面的突出成就，也因我和王老还有一点特殊的关系。

　　王老1920年7月出生于黑龙江省齐齐哈尔市，但祖籍是山东省蓬莱市。1938—1942年在哈尔滨工业大学电机系学习，1950年7月在校友高原的介绍下，来到刚刚成立的北京市永茂建筑公司（即北京市建筑设计研究院的前身），他是设计公司第一位正规大学毕业的电气设计人员，当时为四级工程师。王老加入公司以后，为公司电气专业的设计、计算、图纸绘制、审核、编写、设计和施工说明以及编制概算等流程建立了一整套规则和方法，使电气专业设计工作开始规范化。此后他长期在张镈总建筑师主持的设计二部和第一设计室任电气设计组组长，负责了当时诸多宾馆、医院、办公楼、高校等工程项目。1958年在人民大会堂项目中，出任技术组组长并主持电气设计，工程结束后又在院研究室从事科研工作，尤其重点研究建筑防雷、建筑照明和变电所的自动控制等课题。与此同时，王老还是院技术委员会的成员和电气专业委员会的组长。从1964年以后，他还协助主持电气专业会和院电气专业工作：审查院级重大工程项目；抓工程设计质量；解决重要的技术问题；对重大项目的回访和竣工进行检查；编写院统一技术措施；组织电气专业的业务学习等。王老在业界也有很高的学术威望：他多次参加国家主管部委规范的编写和审查、审定工作；出版过《民用建筑物

王时煦先生

防雷设计》《建筑物防雷设计》等学术专著；先后出任北京市科协委员，中国建筑学会建筑电气委员会顾问，北京照明学会副理事长、理事长、名誉理事长，建设部科技委员会委员，首都雷电防护技术专家组成员等职务。中共中央办公厅人大会堂管理局曾专门为王老发来感谢信（1985年），北京市科协也为他颁发做出重要贡献的"荣誉奖"（1991年）。王老于1987年退休，但仍然为行业的技术进步操心献策。

王老在设计二部和第一设计室长期和张镈总建筑师合作，参与如军委后勤部、测绘局办公楼、公安部办公楼、文化部办公楼、水产部办公楼、地质学院、民族学院、工业学院、友谊医院、友谊宾馆、前门饭店、自然博物馆、科学会堂等重要工程。张镈总在他的回忆录中多次提到王老的工作，张总说："王时煦同志，大学毕业，专攻强电，

是研究避雷针的先驱者。经常对我提出尖锐意见，认为不重视变电间位置上的合理安排，批评十分正确。"这是指友谊医院总变电间做成半地下室，灌水影响安全；友谊宾馆南北配楼，放在二层出来的平台台阶之下，高度只有三米，也必须做半地下室，布置上都不够合理等问题。

在1958年设计建国十周年国庆工程人民大会堂时，17万平方米的巨大建筑在1958年10月16日定下方案后，10月23日完成初步设计，10月30日基础施工图完成，一直到1959年8月土建竣工，是个典型的边设计、边施工、边供料的"三边"工程。时年38岁的王老出任技术负责人并主持电气设计，除大会堂室内外照明、动力、防雷、舞台等电气设计外，还承担了变电所设计。同时作为设计单位成员，在施工现场为整个工程的顺利进行立下了汗马功劳，并自此以后承担了人民大会堂全部电气设备的定期维护检查工作，尤其在"五一""十一"以及重要活动时，保驾护航工作就更加细致繁重。在写王老这些不为人知的业绩时我忽然想起，前些年为人民大会堂屋顶加建时曾去大会堂开会，和那里的老同志闲谈时听他们说起王老多年为大会堂服务的故事，还提到大会堂管理局曾专门发函表示感谢。为此我抱着试试看的心情询问了一下院人力资源部，经他们努力还真找到了30多年前的这封感谢公函，并提供给我一份复印件，该公函全文如下：

北京市建筑设计院：

你院电气工程师王时煦同志，是首都人民大会堂建筑电气工程的主要设计者。从 1959 年大会堂投入使用以来，每次重大的政治活动前对建筑物的联合安全检查和研究大型改建工程方案时，王时煦同志都亲自参加，并和大家一起钻顶棚、爬地沟，工作一丝不苟，认真负责。尤其是在党的十一届三中全会以后，王工程师对人民大会堂电气设备的安全更为关心，提出了很多宝贵意见，对我们做好电气设备的管理工作帮助很大。最近，王工程师又为我局电梯和电气设备的更新换代提供义务咨询和有关数据。王时煦同志关心人民大会堂的安全，支持我们的工作，二十六年如一日，为保证党和国家政治活动安全使用人民大会堂做出了较大贡献。他的工作精神深为我们敬佩，值得我们学习。在此特对你院，并通过你院对王时煦同志表示衷心的感谢。

此致

敬礼！

中办人民大会堂管理局

一九八五年十二月七日

这封感谢信，我想应是对王老由 38 岁到 64 岁这 26 年坚持不断的细致工作给予的高度评价和肯定，也是对北京市建筑设计研究院长期以来努力为业主服务、为社会服务的支持和肯定。但我们却从未见过王老提起过这件事，不知是他谦虚客气、不以为功，还是他没有看到这封信，不知道这件事。我分析可能是后者，因为在和他多次私下交谈工作经历时，他都从未提到此事。但留存下来的这一历史文件是最有力的见证。

对王老来说，他的另一个重要的研究成果就是防雷工程设计了，也正是在这一领域的成就他才被业界誉为"泰斗""中国防雷第一人"。建国初期我国还没有建筑物的防雷规范，所以设计防雷时设计人员多参照日本或苏联的技术和计算方法。1957 年 4 月 6 日位于昌平的十三陵中的长陵祾恩殿遭受雷击，除一死三伤外，还劈掉了西部的吻兽，劈裂了两根大楠木柱子。一个月后中山公园一棵大树落雷，电流感应到附近的配电线路，烧毁音乐堂配电室、舞台和观众厅顶棚。为此市领导召开了紧急会议，决定由王老负责，对北京市重要古建筑物和人员众多的影剧院安装避雷设施。王老结合中国古建坡屋顶的特点，在不影响建筑造型的前提下，在琉璃瓦上设计了网状的金属避雷装置，并且装饰与琉璃瓦相同的颜色。于是从天安门起，在劳动人民文化宫、景山万春亭、北海白塔、天坛、鼓楼、颐和园、十三陵等 30 多处古建筑陆续安装了避雷装置。在此基础上，王老把陆续积累的雷击事故调查和设计经验进行了总结，完成了《民用建筑防雷保护》的研究报告，并于 1958 年在武汉召开的"全国电气设计人员交流大会"上做了有关防雷的专题报告，对雷击规律、防雷标准、保护方式、设计要点、建筑物内钢筋做接闪装置等涉及理论、设计实例和做法大样等问题进行了细致的讲解，获得业界广泛的认同。

在人民大会堂这个规模巨大、安全度要求极高的民用建筑中，王老依据等电位的原理提出了暗装笼式避雷网的方案。也就是把大会堂建筑结构中的梁、板、柱以至基础内的钢筋全部焊接成为一体，形成一个巨大的金属网笼，从而使整个建筑物得以达到等电位连接，进而达到防雷的目的。同时为了慎重起见，还由建院研究室、中科院电工研究所以及清华大学高压教研室联合成立的北京建筑物防雷研究小组讨论，由中科院电工所用 125 万伏人工雷发生器对 30 多个建筑物模型进行了六万多点的模型冲击试验，从而进一步保证了大会堂工程的安全可靠。在后来的工程总结中，王老系统地提出了建筑物防雷设计的六个要素，即接闪功能，分流影响，均衡电位，屏蔽作用，接地效果，合理布线。对我国防雷设计的规范化起了重要作用。大会堂防雷装置的理论和方法，在国际上也是首次采用，日本的建筑物避雷研究委员会直到 1973 年才初次提出避雷网方式是最安全可靠的方式。在 1985—2000 年，王老还和中科院电工所、故宫古建筑部一起从事故宫的防雷调查和工程设计工作。

我自 1965 年被分配到建院后，一开始和王老基本没有打过交道，一来是年资辈分上相差很多，二来又不在一个科室，不是一个专业。但后来随着自己负责设计室的一些行政管理和科研工作，参加和主持一些重要工程，接触他的机会就多了起来。记得在 1975 年建设前三门工程时，王老作为技术组成员，对于小区的供电原则、开闭所、变电所及建筑物内部的电气设计都提出了指导意见。他在技术上认真负责、经验丰富，待人和蔼可亲、彬彬有礼，但在处事上似乎又有些谨小慎微、小心翼翼。但怎么也不会想到王老和我还有些亲戚关系。

那是 1991 年的国庆节夜里，当时我的岳父岳母在北京和我们一起生活，王老突然来访，他从朋友那里得知我岳父岳母的消息，而我的岳母王淑杰从辈分上应该是他未出五服的远房姑姑（虽然岳母

1991 年王时煦夫妇（右一、右二）来访

只大他四岁），在聊天的过程中又得知王老的夫人和我爱人的姐姐、
姐夫又同是一个中学里的老师，就更增加了几分亲近感。他们姑侄
几十年未见，谈起过去的事情，我也跟着听了一些。王老的家庭在
黑龙江时，尚属殷实。父亲王宾章，在五个兄弟中排行第二，长期
服务于教育界，在 1920 年曾任黑龙江省第一师范学校校长，1922 年
还曾代理过教育厅厅长职务，所以在黑龙江省教育界名声很大，为
省里教育事业的建设和发展做过贡献。在日伪统治时期，王宾章于
1933 年出任伪教育厅厅长，1936 年 7 月又被日本宪兵队拘捕，并于
一周后死于狱中，年仅 49 岁。王老的父亲曾出任伪职，但又被日本
人杀害，这一段历史究竟该如何认识，王老也是专门要来把这件事

的最后结果告诉姑姑。

要把这件事情搞清楚主要还是依靠齐齐哈尔市。省第一师范学校在解放后更名为齐齐哈尔师范高等专科学校。20世纪90年代，在全国盛世修志的形势下，学校也准备编写校志，因此对曾任八年校长的王宾章的认识和评价十分关键，当时校方组织专人对王宾章的情况进行了解，访问许多知情的老人和重要线索，查阅过去的档案。1928年王宾章辞去校长和代厅长职务，1931年马占山抗日失败后，国民党黑龙江教育部任命王为省党部常委，秘密协助抗日活动。当时日伪当局多次邀请他出山都被拒绝，后来国民党为了掩护开展工作，密令他出任伪省教育厅厅长。从资料和档案中可以看出王宾章虽任伪职，但抗日之心有加无止，在力所能及的范围内为国为民做了许多有益的工作。他与中国共产党的早期党员一直保持密切联系，在思想上有较大飞跃提高。当中共党组织开展活动缺少经费时，他曾五次提供经费1000元予以支持，同时曾发动群众募捐，筹集了2000元，通过中共党员转给东北救亡总会。此外，还曾掩护几位爱国进步青年，资助路费让他们逃出齐齐哈尔市。1936年6月13日，日本宪兵队在齐齐哈尔等地大肆搜捕抗日志士，7月20日晚宪兵队以"共产党组织"的"顾问"和"后援者"名义将王宾章加以逮捕，7月26日他就被杀害于宪兵队。对于王宾章的死，档案中有两种不同说法：宪兵队的报告中说"王宾章把看守打倒，企图逃跑，被开枪打死"，而原宪兵队上等兵土屋芳雄在战犯管理所交代："当天我负责值日……上等兵藤村把手枪放在桌内，拿脸盆去洗脸，王厅长便把手枪拿去自杀……宪兵队长为逃避受处分，向宪兵队报告，说王厅长因欲逃跑而被枪杀。"所以修志的研究人员认为，不论哪一种说法，王宾章在身陷囹圄的情况下，没有叛变投敌，表现了一名爱国志士的气节。这份题为《嫩水滔滔缅奠灵——记原黑龙江省教育厅长王宾章》的调查分析报告在 1985 年发表以后，引起了齐齐哈尔市有关领导的重视，在王宾章先生牺牲 50 周年的 1986 年 7 月 26 日，由政协齐齐哈尔市委员会牵头，在有关部门的配合下，召开了王宾章先生牺牲 50 周年纪念会。齐齐哈尔市政协主席发表讲话，对王宾章先生给予了高度评价，誉其为抗日志士，恢复其真实的形象并昭告世人。五年后的 1991 年 7 月 26 日，政协齐齐哈尔市委员会、民革齐齐哈尔市委员会和齐齐哈尔市民政局又在齐齐哈尔市革命公墓隆重举行了爱国人士王宾章先生遗像安放仪式，几十年前的事件最后有了一个圆满的解决。王老到我们家来，一方面看望姑姑和姑父，同时也对事件的调查和处理做一个说明，也算是有个交代。

老人们相见，对往事的回忆是主要内容，许多我也记不清了。只记得岳母一直把老家记为山东昌邑，还是王老提醒更正为山东蓬莱。王老也提到虽然他有一段时间生肺病，但他自幼习武并且坚持多年，所以身体十分硬朗。此后我和王老也因为这层亲戚关系有了更多的交往，也知道他后来把家从东大桥搬到了白石桥。1997 年 8 月他又到我家来，这次是为别的事情：他家的阳台想加装钢窗，想到我是搞建筑的，让我帮他画加工图纸，以便厂家去加工，我很快画了平、立、剖面和大样共四幅图交给他。还有一次来我家谈到他的经济状况，也给我留下较深印象。因为家庭中病人较多，负担很重，因此经济上有一些困难，作为院里老职工，王老也专门去找了当时

上图：王时煦（左一）与作者夫妇

下图：王时煦（左）来访（2001年）

的院领导，希望能帮助解决一下，领导说要研究（最后也不知结局如何）。2000 年春节来访时，我岳母已经去世，王老来后专门向姑父介绍了他对人民大会堂建设情况的回忆，以及电视台录制的电视录像。记得他最后一次来访是 2001 年的春节，此后曾陆续从金磊等同事那里零星听到一些有关王老的消息，但遗憾的是一直没有去他家探望过。王老是在 2012 年 2 月 5 日，以 92 岁高龄去世的，当时我没有得到一点消息，也失去了最后和他告别的机会。

王时煦老是北京市建筑设计研究院电气设计的元老，他为建院电气专业的建设、发展和提高，为整个行业的成长和技术进步，为人民大会堂工程的建设和维护，为我国防雷技术的理论和实践贡献了自己毕生的精力，为我们留下了宝贵的财富，是值得人们永远加以纪念的。2020 年将是他的百岁诞辰，谨以此文提前献于王老的灵前，同时表达我们的崇敬和怀念之情。

2017 年 7 月 15 日

深切铭记是师恩

——记刘开济总

2016 年我曾以"忆恩师和引路人"为题写过一篇回忆建院周治良总的文章，其实除了周总以外，我心目中还有另一位健在的恩师和引路人，那就是建院的刘开济顾问总建筑师。在我几十年的设计生涯中，自己的成长和学习同样离不开刘总的指导和提携，离不开刘总的关心和帮助。恩师和引路人的恩情让我永远铭记在心。

在上大学的时候，我已经知道刘开济的名字了。在 1957 年的《建筑学报》上，他和宋融一起发表了长篇文章《关于小面积住宅设计的探讨》，连载两期登完，那是在当时适应我国经济情况，同时又要迫切改善居住问题的较早的探讨，也是《建筑学报》早期对住宅设计所涉及的问题进行深入研究的文章之一。后来又知道建院还有一位总建筑师叫张开济，不由让人联想起"老杜"的名句"三顾频烦天下计，两朝开济老臣心"。在建院听说还曾引用过一副对联的上联"蔺相如司马相如，名相如实不相如"求对，也仿制一联"张开济刘开济，此开济非彼开济"求对。但我刚来建院时，对二位"开济"都没有什么接触，只是时间长了，才开始对刘开济总有了些感性的认识。

刘总 1925 年出生于天津市，1947 年毕业于天津工商学院建筑

刘开济照片

系，1951 年 5 月由北京华泰建筑师事务所转入建院的前身永茂建筑公司，时为五级工程师，先后在二室、三室、七室工作，全国总工会办公楼就是刘总早期的作品。尤其在 1958 年下放劳动回院后，他马上参加了国庆十周年工程的人民大会堂的现场设计工作，负责中央大厅和小礼堂的设计，刘总后来回忆："人民大会堂这个工程，在我的心里有特殊的地位，参加设计以后，我始终对它有特殊的感情。"例如已按原来方案施工了，但后来要求增加一个小礼堂这样较大的修改，刘总他们"就是在基础都打完的情况下，全力以赴来修改的"，"修改的困难非常大"，但最后仍圆满地完成了任务。刘总那时刚刚 33 岁，他的这些工作过去很少有人知道。后来在负责援外的七室工作时，他作为设计组组长主持和负责了多项援外工程及国外承包工程，因此在掌握建筑设计上从调研、功能处理、艺术风格、构造细部、专业综合到施工配合各环节，都积累了丰富的经验。1981 年后他到总工办任院副总建筑师，直到 1989 年退休。

我是从 1983 年起在周治良副院长和刘总的指导下开始亚运会工程设计的。当时我参加了专题研究小组、可行性研究以及体育中心从方案设计、施工图到竣工验收的全过程，前后历时七年。此前我虽然参加和主持过国际俱乐部、东交民巷 15 号宾馆等民用建筑设计，但都是面积较小的个体建筑，如此复杂的综合性洲际体育比赛的筹备和大型体育中心的设计还是第一次，都是包括周总、刘总等在内的许多老专家、老同事手把手地传授和点拨，才逐渐有了一些体会和经验。这也是我从知之甚少到最后能够顺利完成任务的重要支持和技术保证。

开始筹备工作时参加的人员并不多，除了刘总所在的专家工作室，还有情报所人员的参加，我们整理了历届亚运会和近几届奥运会的基础资料，同时为了向亚洲奥理会提出申请，还要按理想条件提出我们的主要体育设施的方案。因为只是示意性的，所以提出了几种总体布置方案，还在体育建筑专业委员会的成立大会上做了介绍并征求各界体育专家的意见。此后又整理了一个综合方案，并按此方案制作了向亚洲奥理会考察团汇报的模型和说明书，刘总主要是准备英文的说明，记得他满满地写了好几页手稿。1984年6月16日，考察团在首都体育馆听取刘总汇报了我们申办的设想及准备新建的主体育中心的方案。过去我们知道刘总的英文特别好，但不知道好到什么程度，在介绍过程中，我看到国家体委的英文翻译屠铭德先生不断地点头，后来他对我讲：真没想到刘总的英文那么好，遣词造句是那么的高雅、得体。此后我国取得了第十一届亚运会的主办权。

洛杉矶奥运会之后，国家体委组织国内体育和规划专家在1984年8—9月对美国、加拿大和日本的体育设施进行考察，这是我到建院后的第一次出国公务考察，我有机会和周总、刘总一起，第一次见识了各国体育设施的设计和运营管理经验，尤其刘总对于国外的信息，包括各类建筑和建筑师了解十分详细，所以除了体育设施以外，我们还利用一切空闲时间多看一些建筑，考察一些学校和事务所，如

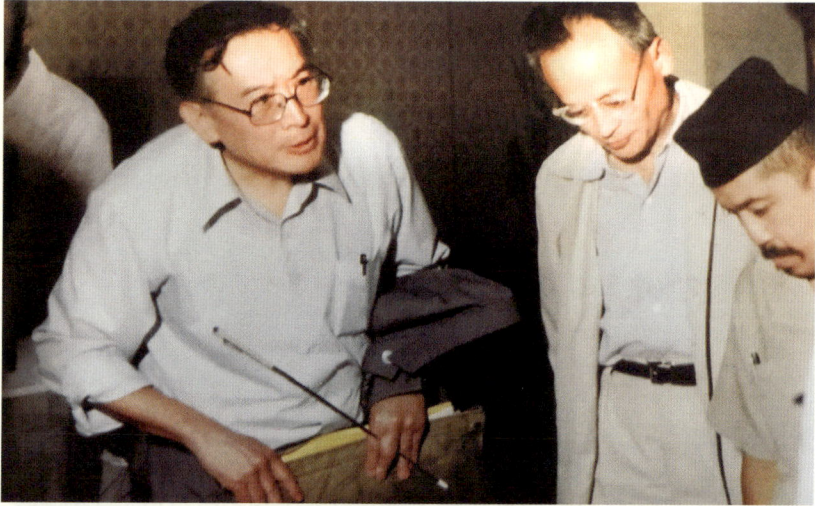

上图：1984 年刘开济总向亚洲奥理会介绍北京申办亚运会设想

下图：1984 年刘总（右三）在美国考察体育建筑

美国旧金山的 SOM 事务所、马丁事务所，加拿大的 B+H 事务所，日本的丹下研究所等。记得一天早上我们挤出时间，刘总和周总带我步行看了林肯艺术中心、花旗银行、AT&T 大厦（当时被认为是后现代主义的代表作品）、IBM 大厦，还有特朗普大厦，因为那时还不知道特朗普这个人，只觉得整个建筑包括室内十分豪华，造型也很有特色。在观察各地的各色建筑时，刘总的分析介绍等于在现场上课，印象深刻的同时又收集了许多有用的资料，大开眼界。

1986 年建院成立了亚运工程领导小组，并决定由五位院总即刘开济、吴观张、胡庆昌、杨伟成和吕光大负责技术协调，4 月开始总体规划时我们的小组只有四人，在土建装修还未完工的科研楼里开始了工作。由于在此前的可行性研究中将基本的方针确定，因此任务就比较具体落实，对于分期建设的要求也很明确，周总和刘总几乎隔天就要到设计组来一次，了解我们的设计进度和构思发展。在申办阶段所做的方案除了内容上有较大改变外，另外方案的 45° 轴线与北京的城市肌理并不协调，交通组织上也需要改进，所以我们按照可能的场馆布置方式和交通组织探讨了各种类型的可能性。在刘总和其他专家的指导下，将各种设想加以集中，最后倾向于较为活泼的自由式布局。因为此前国内大型场馆多是"二虎把门"模式，中心是大体育场，体育馆加游泳馆分设两侧，严谨有余，活泼不足。而自由式布局在吸取其主要构思手法的同时，又按照体育比赛工艺和各种人流、车流的要求，进一步调整修正。7 月确定了总体方案，之后又主攻体育馆和游泳馆的方案，发动全院建筑师提出各种造型，经过集中归纳，基本确定凹曲面屋顶的造型，9 月由全国建筑专家审查，1986 年 11 月最

1990 年刘总在国家奥林匹克体育中心

后批准总体方案，在几个主要的比赛设施批复一年以后，随即开始现场施工。

与亚运会工程进行的同时，我个人还申请了攻读清华大学论文博士的学习。当时我只有中级职称，看到这个消息时，觉得是一个继续学习和充电的好机会，我所在的四所领导还是十分支持的，同时还需要两位具有高级职称专家的推荐书。由于正在进行亚运工程，所以就烦请刘总和周总二位推荐，他们都很支持和鼓励，尤其刘总的推荐书，写了许多肯定和鼓励的词句，让我深感受之有愧。在校方批准以后，又参考了刘总的意见，加上自己的兴趣，选择了由汪坦教授指导的建筑理论和历史方向，也想使自己的知识结构更充实一些。在论文的写作过程中，尤其是涉及国际建筑界的前沿问题，多次请教刘总，他给予了热情的指点。最后因工程繁忙，论文的答辩稍有推迟，刘总还作为答辩委员会的主持，对论文进行了最后的指导。这些都是我永生难忘的经历。

1989年3—9月，我们还在刘总的领衔指导下参加了东京国际中心的公开国际设计竞赛。这是日本建筑家协会成立后，第一次举办的得到国际建协认可的国际竞赛。建院为了积累参加国际竞赛的经验，决定由刘总领衔，刘力和我协助，以亚运会设计的班子为基础参加。竞赛的主办方按照国际建协的标准，做了细致的准备工作，文件齐全，要求完备，答疑细致，评委和技术委员会名单也全部公布，对我们确实有借鉴和启发作用。我把文件全部译为中文以后，首先寄出报名表。当时我国还没有注册建筑师制度，但日方要求要有注册证书和号码，当时只好复印了建院的执照，请中国建筑学会加盖公章，加上刘总、刘力和我的技术简历，还附上建院最近的年鉴两册，才把报名问题解决。为了让建筑方案和日本的历史及文脉有所联系，设计起名为"新江户城"，内部的主要空间和联系空间的关系类似日本中世纪晚期城郭建筑天守阁。在各层功能平面布置和交通流线经刘总首肯以后，即开始了图纸的绘制、模型的制作，绘制表现图，准备说明书，最后的技术文件都由刘总译为英文，全部应征材料按应征文件要求如期发往东京。当时寄送模型也没有经验，用木块黏结的大模型运到东京时已四分五裂，不成样子了，幸好当时建院有人在日本研修，他按照包装箱里附的图纸，才又重新组装起来。

评选在10月开始，到11月初评出结果。竞赛最后收到50个国家和地区的395个方案，经技术委员会审查，50个方案违反了基本

上图：1991 年刘总（左二）在清华大学主持作者的博士论文答辩

下图：1989 年刘总（左三）和院领导审看东京国际会议中心国际竞赛方
案模型

要求，234 个方案存在各专业上的问题，还有 111 个方案完全符合要求。中国有 15 个方案参加，经审查五个完全符合要求。在三轮审查中，首先有三个方案进入第二轮，即刘总方案四票，周儒和戴复东的各得三票；第二轮投票时周案四票，刘总和戴案各一票，都没有进入第三轮。最后获奖方案为阿根廷裔美国建筑师拉斐尔·维诺里的。通过参加竞赛，我们积累了许多参加国际竞赛的经验，我们的方案与获奖方案相对比，二者之间在体形和布置方式上十分相近，但在设计技巧和建筑处理上，获奖案还是有很多高明之处的。在交通处理上，南北通行的步行街十分重要，但我们为使会议中心的车流不影响周围街区，在用地中部做了一条内街，以减少对外部的干扰，但这样一来就打断了一层的步行街，成了我们方案的硬伤，另外在柱网和平面布置上也找到了差距。不管怎样，在刘总指导下，几个月的苦战还是增长了见识，学习到很多东西，是一次难得的设计经历。

在刘总指导下，1992 年我们还做了位于廊坊开发区的房地产项目"京津花园"的规划。当时开发区内的房地产事业已经有了一定的发展，开发商都希望地产项目有独特的风格和定位，以形成自己的卖点，业主方要求在 33.7 公顷的建设用地内布置 19 万平方米的建筑，包括 430 栋别墅、三栋公寓、一栋花园大厦，此外还有寄宿学校、俱乐部、行政办公及附属建筑等。在规划方案中追求建筑错落有致、街景变化，考虑不同客户的生活习惯和审美需求，形成独具特色的私密空间。虽然我们只是完成了规划方案，但不失为一次很好的学习。刘总来我们这儿指导的工程还很多，如有一次美国赌城雷诺要试做一个具有中国传统建筑风格的综合性建筑，也是刘总多次前来提出建议。

在刘总指导下的学习还是很有收获的，他在建筑业务上属于那种专家，即我们无论请教什么方向的难点，求教多么偏僻的问题，在他那里都能得到满意的回答。刘总知识渊博，外文很好，但并没有出国经历，中小学是在教会学校学习英文、法文，后来更多是自学，他英文、法文都很擅长，经常阅读外文原版典籍和杂志资料，最新信息掌握十分及时，同时又有广阔的视野、丰富的工程实践经验。他在指导工程时不像有的前辈那样亲自操刀，更多是启发性、指导性地引领，更多地通过具体设计人的消化、领会和主观能动性，从而将设计方案调整得更为理想。我理解就是刘总充分理解建筑设计方案的求解具有非唯一性，它面对着不确定性定义或不确定性结构，因此诸多因素和矛盾常常需要在设计方案的进行过程中暴露和解决，而不存在唯一的判断标准和程序。但是，不同解决方案的优劣高下又是可以通过直觉或理性的判断来进行分析和选择的。在向刘总学习的过程中我也深感有丰富理论知识和实践经验的前辈，在定案过程中一锤定音式的拍板是十分关键的。常常在年轻同志举棋不定或犹豫不决的时候，刘总的一句支持和鼓励就能使我们下最后的决心，从亚运会工程北郊体育中心的顺利定案就可以感受到这一点太重要了。另外，一些院内重大工程如国家大剧院向领导汇报的场合，也还要烦请刘总出马。

还有一个例子可以说明刘总的博学和睿智。1991年，刘总率设计组赴突尼斯承担突尼斯奥林匹克体育中心的规划设计。当时体育中心中的体育场、体育馆和游泳馆国内都有比较成熟的设计方案，但在51公顷的极不规则的用地中如何既满足复杂的功能要求，又要反映突尼斯的传统和民族风格，则是很高的要求。刘总认为现代建筑的许多大

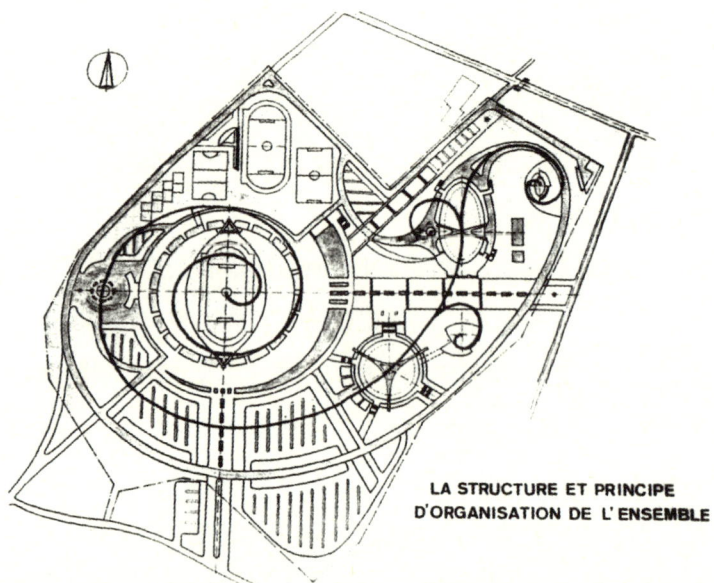

LA STRUCTURE ET PRINCIPE
D'ORGANISATION DE L'ENSEMBLE

上图：1992 年刘总设计的突尼斯体育中心群体艺术构思示意

下图：1999 年刘总向朱镕基总理汇报国家大剧院建设方案

师在创作时，都受到当时的艺术流派和潮流的影响，从中寻找灵感。在总体设计中，刘总从突尼斯国家档案局的一本名为《伊斯兰和伊斯兰艺术》的书中受到启发。专家们发现在伊斯兰艺术的空间构图原则中，"螺线是最常用于伊斯兰艺术的基本形态"，且在世界各大博物馆所藏的 250 幅 14—16 世纪的伊斯兰艺术珍品中，60.4% 的作品是按螺线原则构图的，另外还有 22.8% 的作品采用了变体螺线，即阿拉伯曲线。对伊斯兰世界来说，螺线已超出了一般美的构图，同时还具有深刻的哲学内涵。于是通过螺线组织其群体，再加上在个体设计上的建筑细部，最后得到突方的高度肯定，同时也表现出刘总在对待工程挑战时的全面深入思考和巧妙的处理手法。

除去设计过程中的指导之外，刘总还在各种场合，利用机会支持和宣传青年建筑师的工作。1984 年，意大利的《空间和社会》杂志第 34 期要出版一期中国建筑专辑，当时负责编辑组稿的上海罗小未先生要求刘总提供文章。刘总以"中国建筑的过渡时代"为题以英、意两种文字发表，在文中刘总介绍了改革开放以后中国建筑界的新趋向，介绍了八位建筑师的作品，其中建院就有六人，包括刘力的西单商业中心，柴裴义的北京国际展览中心，肖启益的北京图书馆扩建、北京中国画院和大观楼电影院，张国良的政法学院图书馆，李俶的功宅方案以及我的体育中心方案和刚果小住宅方案。这也是改革开放后较早地向国外建筑界推荐的中国青年建筑师在建筑创作中采取不同理念和创作手法的作品。在国家奥林匹克体育中心竣工以后，1992 年 9 月见到国际体育与休闲建筑协会（IAKS）征求优秀体育和休闲设施的国际评选，规定是在 1985—1991 年竣工的工程，其报名分为六类：

A类为国际比赛设施，B类为比赛设施用的训练设施，C类为室内体育和休闲设施，D类为城镇和农村的体育和休闲设施，E类为旅游中心的体育和休闲设施，F类为特殊项目的训练和比赛设施。评委共十人，分别由德国、瑞士、挪威、日本、匈牙利、英国等国的建筑师、工程师和景观设计师组成。刘总觉得我们的奥林匹克体育中心项目符合A类的参评条件，鼓励我们参加，当时要和业主一起填写一系列的参评文件，刘总帮我们把全部文字译为英文。1993年发布评选结果，A类设施中，金奖空缺，我们的项目为两项银奖中的第一名，另一个为法国的一项自行车馆。这个奖项凝聚了刘总从方案指导到具体申报过程中所付出的众多心血，也表现了中国建筑师在体育建筑设施设计上的成就。

在我的学术经历中，还较早就参加了中国建筑学会和建筑师分会的活动，结识了许多业界的前辈和同行，进行了多次学术交流，而这些也都源于刘总的提携、帮助和引导。刘总很早就关注中国建筑学会和国际建协的工作，他从1987年中国建筑学会第七届理事会任常务理事起，第八届是常务理事，第九届是副理事长，第十、十一届是顾问；1990年当选为国际建协建筑评论委员，1996年任国际建协副理事。他曾赴土耳其、马来西亚、阿根廷等国参加国际学术会议，在美国各地做题为"中国建筑与城市规划传统""中国建筑的延续性""今日中国建筑"等报告和文章。1993年7月在美国芝加哥国际建协第19次大会上，他和代表团一起为争取第20届国际建协北京大会做出努力，并于1996年和1997年分别赴西班牙和印度说明北京大会的筹备情况。除了为国际建协北京会议做了大量筹备和事务工作外，刘总还在 1999 年的国际建协第 20 届世界建筑师大会上，主持了大会中的"中国建筑师论坛"，得到了各方面的好评。他和时任学会秘书长的张钦楠先生私交很好，两人的英文又好，因此在学会工作中互相支持、紧密配合，在国际活动中完成了许多别人无法做到的细致工作。1989 年筹备成立建筑师分会时，刘总作为召集人做了大量工作。分会成立后，任第一届和第二届分会的副会长，同时主管建筑创作和理论学术委员会，另外还曾出任中国体育学会体育建筑专业委员会的副主任等。无论何时，刘总都创造机会，让我参加这些组织的各种活动，尤其建筑创作和理论学术委员会，是分会内最有活力也最受大家欢迎的组织，无论是杭州、成都、北京等地的学术交流，还是观摩参观新老建筑，都是特别难得的学习机会，也为我后来在分会组织类似的活动做了极好的示范。亚运会工程结束后，刘总还向学会推荐，让我担任了国际建协体育建筑工作组的成员，有了更多与国际体育建筑界的交流机会。虽然因单位经费限制，担任成员后，只出国参加了一次国际会议（其实小组的国际活动很多），但在国内举办的几次体育建筑国际研讨会都很成功，我在大会上主旨发言的英文稿，也请刘总把关审阅过。另外，刘总对于其他学术组织，如北京女建筑师协会、现代中国建筑研究小组的支持和帮助，也是有目共睹的。所以在建筑学术组织当中，刘总无疑也是我的老师和引路人之一。

由于工作和业务活动中和刘总如此频繁的交往，我和老伴与刘总一家也熟稔起来。刘总的老伴杨纫琳老师是北京三十中的英文教师，恰好三十中的副校长李纪是我高中的同班好友，所以共同的话题很多。他们夫妻儒雅的风度、得体的谈吐、热诚的待人方式都给我们留下深

2002 年刘总夫妇在贵州黄果树瀑布

刻的印象。由于和刘总多年的交往，我也利用各种机会给他们尤其是刘总拍了不少个人照，刘总的学者气质、翩翩风度我自认还能如实地反映出来。刘总平时和我们也是坦诚相见，无话不谈，像一位亲切和蔼的长者。一次他说小时曾对他的流年按年份做过批注，对 1957 年的批注只有四个字，就是"动辄得咎"，刘总说在那一年已经十分小心了，最后还是差一点给戴上"右派"帽子。正因为和刘总可称为忘年交，所以在建院的老前辈中，刘总家是我和老伴曾多次前去探望的唯一一家。更让我们感动的是刘总夫妻伉俪情深、相濡以沫。杨老师 2008 年患心衰，2009 年患脑梗，卧床多年，加之这两种病在用药上有矛盾，所以在治疗上有很大困难，为此刘总患上了焦虑症。虽然也请了护工，也还有儿孙们帮忙，但许多地方刘总还是亲自照看，克

2016 年时年 91 岁的刘总与作者夫妇合影

服了许多看病和护理上的困难。2011 年 1 月杨老师去世，60 多年的共同生活，一旦分手，给刘总身心造成很大打击。但刘总还是逐渐从阴影中走了出来。2013 年我们去看望他时原想稍事交谈就离去，不想刘总谈兴甚浓，一直说到近中午我们才告辞。2016 年国庆期间我们又去探望，刘总说他这一年流年不利，先是带状疱疹，后来又因用药而尿血，所以身体有些衰弱，但刘总说之所以能恢复，一是要感恩，二是要脑子经常活动，要多运用，当时他正在阅读美国特朗普的一本著作，是孩子在新西兰买到以后给他带回来的。刘总虽已年高，但仍在孜孜不倦地学习和思考。

回想起来，刘开济总在 1991 年被评为北京市亚运会先进工作者，1996 年为国家科委先进工作者。他把精力和才智都贡献给了建筑事业，贡献给了建院。他着力于对年轻建筑师的培养和提携，不仅是我自己深刻领受，建院的许多后辈也都受惠于刘总的指导，体会到他的帮助。就我自己而言，在和刘总几十年的交往中，从业务的学习进步、视野的逐渐开阔、经验的日渐丰富乃至在人生进程中的许多重要阶段和关键节点，都体会到刘总的悉心教导。他是我从正规大学毕业到进入社会大学后的一生学习过程中，最亲切的恩师和引路人之一。刘总说到了感恩，对我们后辈来说，更要感恩，感谢前辈的提携和帮助。衷心祝愿刘总健康长寿！

2017 年 9 月 15 日二稿

热血青年 建筑名师

——怀念张德沛总

今年 9 月 3 日是中国人民纪念抗日战争胜利 70 周年的日子，9 月 2 日习近平主席为健在的抗战老战士、老同志、抗战将领或其遗属代表颁发了纪念章。这次纪念章发放的主要对象也包括曾在国民党军队参加抗战并于解放战争时期及以后参加革命工作（或入伍），以及回乡务农的健在的老战士、老同志。按此条件，北京市建筑设计研究院的张德沛是完全符合的（估计建筑设计界中符合这一条件的人不会太多）。虽然张总在 2015 年 7 月 23 日以 90 岁高龄仙逝，但颁发纪念章的规定中还有一条：2015 年 1 月 1 日后去世的抗战老战士、老同志在此发放范围内。张总的老伴已在 9 月 15 日收到了纪念章和慰问金，这对去世和在世的人来说都是最好的安慰了。

我们平时都是尊称张德沛先生为张总，实际上他在 1986 年离休之前并没有得到过院总建筑师的职务，倒是返聘以后才被聘为顾问总建筑师，于是我们平时都以"张总"称之。现在回想起来，当中还有一段曲折的"故事"。

按张总自己所写的："我老家距台儿庄仅 20 余里，台儿庄战役时我才 12 岁，目睹日寇残杀我父老乡亲，陈尸遍野，血染大地，我

2013 年 9 月张德沛照片

当时义愤填膺，誓与日寇不共戴天。我跑到上海租界念书，不料日寇 1941 年又发动太平洋战争侵驻上海租界，我毅然只身投奔内地，经由安徽蚌埠徒步跋涉河南黄泛区，自洛阳西转，过秦岭剑门而入四川。暂寄读于四川绵阳第六中学，高中未毕业我即下定决心投笔从戎参加抗日。"

　　张总是江苏邳县人（今邳州市），邳县地处山东沂水蒙山的沂蒙山地区，地域上属山东，但区划上属江苏。平时邳县大汉被称为"标准的山东大汉"，对外都称自己是山东人，张总也不例外。那一米八几的个头，豪爽的谈吐，爱吃辣，爱吃煎饼卷大葱，高兴起来还和我这山东老乡用山东土话唠上几句。他所说的台儿庄战役发生于 1938 年 3 月，战区司令李宗仁面对日本矶谷师团和板垣师团激战一个月，歼敌逾万，但并没有阻挡住日军侵略的势头。1938 年秋以后张总在上海南洋路滨海中学和威海卫路的民立中学读初中，1941 年 12 月太平洋战争爆发后，国民政府才正式对日宣战，而日军武装接收上海英美租界，解除美英海军陆战队武装，于是张总又于1942年年初回到邳县和南京，并在南京同伦中学读高中。后为了摆脱日寇的统治徒步经豫、陕入川，到绵阳县第六中学续读高中时已是18岁血气方刚的青年了。

到1944年时，日军同时在几条战线作战已是强弩之末，但为了打通中国南北交通线，全力应付太平洋战争，日军又发动了最后的攻势，即称为"一号作战"的豫湘桂战役，使正面战场的国民政府军队遭受了战略上的大溃败，尤其是衡阳失守后日军向广西、贵州进犯，形势十分危急。面对国内外压力，蒋介石在8月27日的国民参议会上发出了"一寸山河一寸血，十万青年十万军"的号召，要求广大知识青年参军入伍，保家卫国。当时的方案要求18—35岁的青年，接受过中等以上教育，身体健康者均可参加，服役年限为两年。为此还专门成立了青年训练总监部。经过发动，广大青年报国热情很高，到1944年年底报名人数已达12.5万人，四川报名的有2.5万人，其中大中专以上的在校学生有1.55万人。最后这些共赴国难的青年中，11万人被编成了青年军九个师另两个团，还有一部分被送进了英语训练班，之后到驻华美军中去当翻译。张总就是在昆明经过两个月的培训后，从1945年7月起在昆明岗头村的鸿翔伞兵部队，作为美军"飞虎队"的翻译人员直到抗战胜利。鸿翔部队是1944年从第五集团军组建的一支特种部队，1945年4月扩编为陆军突击总队，由美军加以训练，当时的美军顾问有三百多人，已不是当年真正的"飞虎队"了。张总也万万没想到年轻时这半年多的经历后来给他带来了那么多的麻烦。

　　抗战胜利后，因错过了西南联大的招生时间，于是张总以复员军人身份考进了西南联大先修班，他说："本以为可以安心读书，但事与愿违，蒋介石公开发动内战并屠杀联大进步学生，聆听闻一多、张奚若教授的揭蒋演讲，使我彻悟蒋介石反人民的本质，随后积极参加反对蒋介石的学生运动。迁回北平后入清华大学营建（建筑）系。当时我班同学一面积极学习，一面积极参加学生的正义斗争。我本来对建筑学的端详一无所知，入学后经梁思成教授、林徽因先生和我们的启蒙老师吴良镛先生以及其他各位老师的讲教而入门，并终生爱上了这门学科。"1946 年蒋介石发动内战，次年又缩减教育经费，于是全国学生陆续游行请愿，清华地下党通过学生自治会组成罢课委员会，提出"反饥饿反内战"的口号，5 月 18 日清华的宣传队在校外宣传时，遭到国民党青年军士兵的毒打，同日民国政府还颁布《维持社会秩序临时办法》，严禁十人以上的游行示威和罢工罢课，于是地下党和学生会决定组织"520"大游行，并发动学校中原西南联大的退伍军人参加，得到了他们的热烈响应。当时在北大红楼广场集合，清华打头，北大殿后，中间是其他大学和中学队伍。据参加游行的自治会的邓乃荣同学回忆：为防止青年军歹徒滋扰，"游行队伍最前面的近百名清华退伍军人大队，全副美式戎装，头戴钢盔或船形帽，足蹬军靴，斜挂军用水壶，有人佩戴新一军臂章，有人胸佩战功勋章，高举大旗昂首挺进，为整个游行队伍添光增色。当时游行队伍打着三面大横幅，这三面大横幅皆由退伍军人擎举，建筑系的张德沛就是当时举门旗的同学之一，走在最前列的退伍军人都是彪形大汉，把清华学生自治会的同学簇拥在中间"。张总自己也回忆道："1947 年反饥饿反内战游行我是扛旗手。当时游行扛大旗的人都已经去世了。我那时个子大、身体壮，我扛第二个旗，那个旗子上写的就是'反饥饿反内战'。"这些西南联大退伍军人高呼口号"抗战军人专打日本""抗战军人不打内战"。张总在 1948 年还参加了党的外围组织"民主青年同盟"。

当时营建系的第一批学生共 15 人，同学间亲密无间，互以"玄武"相称。因为在中国建筑的方位中，北方的玄武是龟的神号，"长寿又稳健，位尊而谦恭，遇事不慌，和蔼可亲，踏踏实实走路，兢兢业业生活"（汪国瑜语），于是彼此称呼"玄武"，相戏相传，以致最后连老师们都接受了这一绰号。一次梁思成先生来绘图教室，看见只有张总和另一同学，就打趣地问："怎么只有两只玄武在此？"

张总在校参加阳光画社，"我的特长是画漫画"，同时爱唱英文歌和跳舞。张总的绰号是"Derby"，取其谐音与德沛相近。低班同学画表现图出了问题，都要请他来"救火"，因为那时大家都在一个教室里画图；同班同学回忆张总当时曾在黑板上把每个同学的形象用漫画式的笔法几笔勾画得惟妙惟肖。他还曾参加学生会组织的识字班，到学校周边的村庄教无钱上学的农家子弟们识字。北平解放前夕，在化学馆北面的围墙外，张总发现天上有架飞机在盘旋，就提醒同学们可能有情况，快到西校门时，张总大喊"炸弹下来了"，并提醒还在东张西望的朱自煊："快卧倒，炸弹还没落地呐！"因为梁、林二人身体太弱，行动不便，张总还和其他几位同学一起，睡在梁家客厅里，以防不测。后来他还在前门观看了解放军的入城式、参加在北京市先农坛举行的建党 28 周年的庆典，还在天安门广场中华门前参加了开

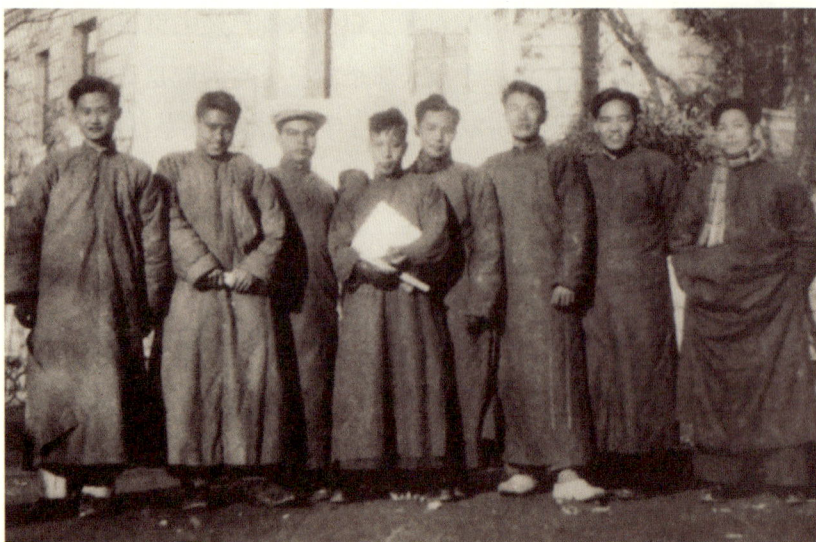

上图：1948 年的建筑系师生（右二胡允敬，右三张德沛，右五朱自煊）

下图：1947 年 5 月 20 日游行队伍在东四（摄影家张祖道摄）

1950 年第一届建筑系毕业生与林徽因先生（右一朱自煊，右二黄畸民，右五林徽因，右六虞锦文，左一张德沛）

国大典。

张总 1950 年毕业，全班同学中如期完成四年学业毕业的只有七个人。在他的毕业登记表中，班级的评语为："生活散漫，对工作思想性不够，因此有时会闹情绪病，工作急躁，领导能力不够。在学习上善于钻研，表现技巧好，工程课很好，解决技术能力很强，但是在学习上缺乏全面性的照顾，对自己思想改造不踏实，平日不能多用（思）想，今后当主动争取参加工厂工作，向工人学习，踏实改造自己。"梁思成先生代表校方写了三条意见："工程课程很好，政治学习不够深入，设计制图不够认真。"张总先被分配到中直机关修建处，在 1953 年 3 月调入北京市建筑设计研究院。他的同班同学虞锦文和黄畸民后来也先后调入建院。

　　到建院以后，因有着正规的"科班"训练，又有娴熟的设计技巧和经验，张总的才能很快就显露出来。张镈总建筑师在他的回忆录中回忆起1953年设计友谊宾馆时说："我回忆起当年与我共事的同志，以感激之情记述他们的业绩。我曾物色了四个专业的负责人。建筑：孙培尧兼主持人，张德沛、王增宝……"对张总的表现和能力，张镈总写了长长的一大段："张德沛，新中国成立之前在西南联大建筑系读书，山东人，因好吃辣椒出名。他英文基础好，抗战期间曾被美军邀请至缅甸远征军中当翻译，为人豪爽，好歌。新中国成立后，他毕业于北京清华大学建筑系，是高材生，毕业后先分配到'中直'机关，参加过'新六所'和玉泉山中央首长官邸设计，后转入我院工作。他在建筑的艺术和技术以及技巧上造诣很高，在中国传统建筑手法上，得梁师指点，理解较深，也比较理解梁师和林徽因师对宋《营造法式》的推崇。我们有共同的看法，在五脊六兽上，放弃清式的吻兽形式，多从辽、金、宋等遗物的鸱尾上取其象形。1953—1954年苏联展览馆建成后，在主塔石墙上，取材于毕加索的和平鸽形象，认为可用鸽的内涵替代吻兽。德沛同志也有同好，先做小样，然后和我一起到门头沟、琉璃渠的窑厂里与工人师傅共同雕塑成形。我们都很满意，于是大小吻兽均改成不同尺寸的和平鸽形象。现场安装完后，先得到梁、林二师的高度赞扬，称我们是高徒。林乐义总建筑师也给予赞许。他们认为构图符合黄金比例规律。""后来，在俱乐部的外立面和内装修上，主要也以德沛同志为主。孙培尧的重点放在地下、地上厨房的上下分工、平面供应的基本要求上……"在张镈总回忆录对同事的评价中，这可能是最长的一段了。

张德沛总在建院是最有名的"全才"。他的业务能力十分全面，英语水平自不用讲，从建筑方案到施工图，从透视表现图到建筑理论，从设计到科研，从著书立说到建筑教学，都显示出他的才干，都做出了重要的贡献。但在后来的政治环境下，20 岁时那半年多的从军经历却成了他无法摆脱的政治"包袱"，也极大地影响了他的工作。这就出现了非常尴尬的局面：许多重要工程都要张总"出山"，要他出主意、想点子、做方案，但他不能当主要负责人，抛头露面的事轮不到他，做完方案以后就没他的事了，总是充当"无名英雄"的角色。张总内心的不愉快和不舒畅是可想而知的。而到了"文化大革命"期间，还有人贴出大字报，说他是"重庆中美合作所的美军翻译""美国特务"，那种压抑更是难以想象的。尽管如此，张总还是一直默默耕耘，努力做好力所能及的每项工作，并由此得到了广大技术人员的尊敬。大家在业务上都愿意向他请教，听取他的指导意见。张总的境遇在改革开放以后得到了极大的改善。1988 年竣工的首都宾馆工程是张总研究国内外旅馆设计多年后得以发挥的重要工程，在造型上他为利用新材料探索传统形式的表现动了不少脑筋，但很快在 1986年就离休了。虽然离休后出任院顾问总建筑师职务，也指导了许多重要工程，但终究是退居二线了，对于充满创作热情、"终身热爱这门学科"的张总来说是个悲剧。

我是在 1965 年才被分配到建院工作的，加上张总当时主要在三室和一室工作，业务上没有直接的联系，所以了解张总首先还是从他的几个科研成果开始的。至今我手中还保存着一本院里在 1972 年7 月油印出版的《大型宾馆调查报告》（初稿），我当时觉得它内容详尽，十分有用，便到供应室去买，不想一下子就保存了40多年。这是在1964年对宾馆的调查报告基础上补充修改而成的，报告没有署名，但我知道这是在张镈总指导下，主要由张总执笔而成的。报告分为分级、总体选址、客房、厨房餐厅、门厅设施、后勤供应六部分，是为北京饭店新楼的扩建而调研了前门、新侨、民族、和平等八个宾馆后，对不同级别宾馆的面积指标和不同功能区面积的比例关系进行了分析比较而成的。这应该是改革开放以前国内第一本有关宾馆设计的调查报告，在当时国家还没有正式颁布不同级别的面积定额指标以前，其参考指导作用是显而易见的。1974—1975年，院情报所又印发了一室旅馆建筑科研小组关于旅馆设计的一套四册资料，这也是由于1972年尼克松访华，中美互设联络处后应外交形势发展的需要。"国宾馆"工程虽然没有亲自出马，但在张总领导下又进行了对国外宾馆的研究，虽然每本资料第一页都要印"古为今用，洋为中用""批判地吸收外国文化"的语录，但还是对欧洲各国、美国、日本的旅馆实例进行了深入分析，而总体架构也和1972年出版的调查报告是一脉相承的，实用性极强，因此一时洛阳纸贵，全国各设计院都很急需，我的一册资料就是某设计院的一位高工说了许多好话和承诺，借走之后就再也不还了。这些基础工作也奠定了后来建院被建设部指定为旅馆设计指导单位的重要基础。

由于当时的信息渠道很不通畅，国外原版杂志和书籍稀缺，所以张总利用自己懂外文的优势与赴美参加"中国对外贸易中心"工程和美国SOM建筑设计事务所联合设计的机会，参观了一些工程，收集了许多资料并翻译整理出版。如1980年8月院技术室出版的《美国

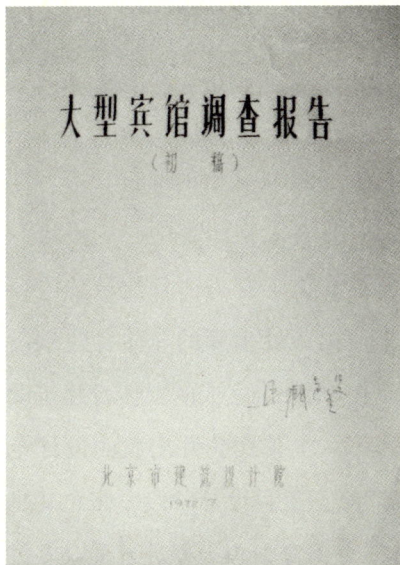

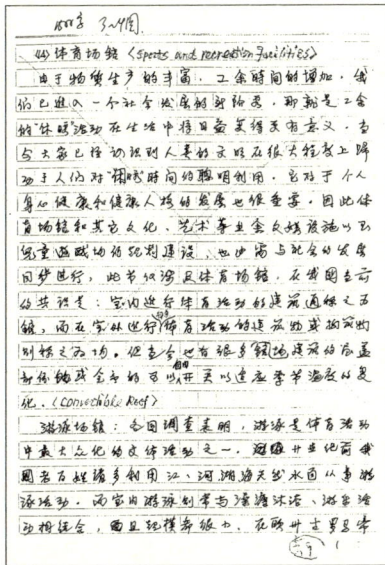

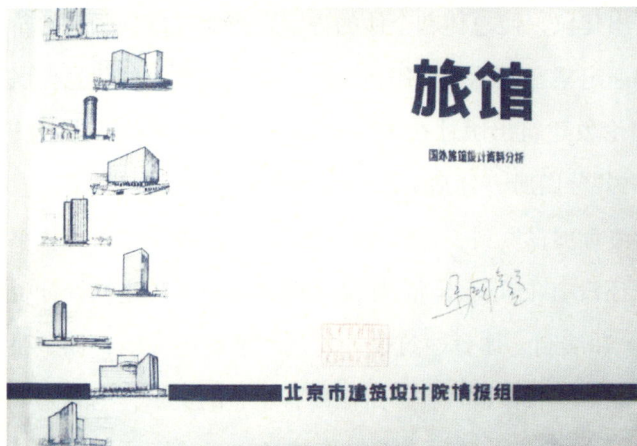

左上图：《大型宾馆调查报告》书影

右上图：张德沛手书书稿

下图：《旅馆：国外旅馆设计资料分析》书影

SOM 建筑实录》就是由张总和寿振华合作、由寿振华执笔的一本资料，收集了 SOM 事务所设计的 20 个实例，包括商店、银行、超高层建筑、学校、体育中心等，开阔了大家的眼界。

我和张总有直接接触的机会则是在 1984 年开始的亚运会可行性研究和北郊体育中心的设计以后。那时我对大型体育中心的设计一点经验也没有，除了《建筑设计资料集成》中有关体育建筑的内容外，还是周治良院长给我一本建筑工业出版社出版的《体育建筑设计》，这是一室以张总为首的研究小组在 1980 年完成的对体育建筑设计的国内外经验总结，也是当时国内第一本正式公开出版的设计专论，是体育建筑设计必读的参考书。后来在工程设计阶段，张总又是院技术领导小组的成员，对国家奥林匹克体育中心工程进行了众多关键性的指导并提出建议，使总体和个体的方案在当时工期极紧、造价不高的情况下迅速定案。张总还利用他渊博的知识和丰富的信息储备向我推荐了英国伦敦建筑出版社在 1981 年出版的《体育和娱乐设施设计手册》，全书共分四册，分别是冰上和游泳设施、室内运动设施、室外运动设施、体育项目资料，这可以说是体育建筑设计的百科全书了（这套书至今还没有中文译本），对我后来参与编写《建筑设计资料集》（第二版）和编制《体育建筑设计规范》都有极大的帮助。张总还曾送我一份他整理的长篇资料，是他没有发表的文章，内容是根据 SOM 事务所的资料整理的美国有关橄榄球场和棒球场的研究分析文字，虽然中国这些项目开展有限，但也可看出张总注重调查、注重总结的习惯。记得那时我还在编写《丹下健三》一书，在写作中涉及丹下健三 20 世纪 60 年代中期受结构主义潮流的影响，这是由结构主义方法论形成的一种思潮，用瑞士语言学家索绪尔所创立的语言学的方法和原则来研究人文科学。我一直苦于找不到什么参考资料，但在和张总提起这事以后，很快他找到一篇相关的英文长文复印给我。张总就是那样热心帮助和提携年轻同志的，他也是那种你不论提出什么有关建筑的疑难问题都能很快回答出来的人，是建院里有名的博学专家。

在 2003 年时我俩还有一次短暂的合作机会。那时《中国大百科全书》要编撰第二版，当年张总曾是第一版中"体育馆"条目的撰稿人，这次的第二版要求他撰写"体育场馆"和"体育馆"两个条目的内容，而且撰写人还加上了我。我知道此事较晚，张总已先做了许多工作，初步拟定了两个条目的文字，并且因为有的篇幅太长，他已写了两稿，后来他把稿子交到我手，我的主要工作就是按编写体例要求，压缩条目内容的字数。因为许多内容都不忍割舍，但按要求又不能超出字数，经过几稿以后，我们二人合作的条目才得以交出。

进入新世纪以后，张总年事渐高，健康状况也不理想，好像心脏有点儿毛病，经常要住院，但他常抽空到我的办公室来聊天。张总本来就是风趣健谈的人，过去院里也流传过他的一些趣事，现在无拘无束，更是谈笑风生，兴起时张总嘴角处白沫也顾不上去擦；还有几次聊得高兴，连吃中饭都忘记了，还要我赶紧提醒他。有的时候张总是为正经事来的，如有两次都是拿着他在土建学会一篇有关住宅层数和节约用地的论文，还有一些英文资料来和我讨论，还说要就此事和有关领导交换意见。还有一次是关于一些名词的提法、译法也讨论过，他还向我介绍他看过的一些文章。

在聊天时我也向张总提出过一些建议。我曾建议他把抗日战争时期的经历整理成文，因为这是难得的第一手资料，另外他也是新中国成立初期建筑活动的见证人（这些第一手材料都很有历史价值）。此前我曾向院胡庆昌总工程师提过这一建议，等他想做这一工作时身体已不行了。当时张总说他眼睛不好，我还建议他可以用录音的方式，但看来也没有系统地进行，只有在院杂志社的采访和一些影片中有片段式的回忆。一次他提到视力不好，我还建议他最好去查一查，看到底是老年性的白内障还是黄斑病变，以便对症采取措施。还有两次张总到我办公室来，我还顺便为他拍了照片，这也是他留给我十分珍贵的纪念了。

张德沛先生早年是投笔从戎、以身报国的热血青年，大学毕业以后，又把毕生的精力都贡献给了建筑事业，在建筑设计、建筑理论、建筑教育上都做出了许多的成绩。由于当时政治环境的影响，他的潜力远未发挥，他在建筑界的影响力也受到了限制，但在我的心目中，他是真正的建筑大师，是我的好老师，是我尊敬的老学长。在纪念中国人民抗日战争胜利 70 周年前夕，他去世了。对真正参加过抗日战争的张总，我充满了崇敬和怀念之情，在记录下一些我所知的张总的为人做事的同时，愿他一路走好。

2015 年 9 月 7 日

回忆梅葆琛高工

在北京建筑界，有些人知道京剧大师梅兰芳的儿子梅葆琛先生是北京市建筑设计研究院的结构专业高级工程师，但时过境迁，人们的印象也渐渐模糊起来。不久前在微信上看到一篇文字，说"梅兰芳的儿子原来在设计院，后来唱京剧去了"。这与事实相去甚远。作为后辈，又曾在建院与梅葆琛高工共处和合作，也读过他的回忆录《怀念父亲梅兰芳》，便想把自己的耳闻目睹整理出来，虽然也未必全然准确，但总是力求更接近真实。

梅葆琛虽然是工程师，但人们并未像建院里称呼工程师时多以"某工"相称，而是叫他"老梅"。马少波在一篇文章中以"老梅"指梅兰芳先生的长子（以下称梅兰芳先生则以"梅先生"代之），实际上梅先生在 1910 年 16 岁时与王明华结婚，并在 1911 年和 1913 年分别育有一子一女，但分别于 1915 年和 1916 年夭折，后因王明华已不能生育，故梅先生又于 1921 年迎娶 17 岁的福芝芳，与王明华姐妹相称。福芝芳前后生育五子四女，但因麻疹、天花、白喉等病，也有五人早夭。最后只有老四梅葆琛（1925 年生）、老五梅绍武（原名梅葆珍，1928 年生）、老七梅葆玥（女，1930 年生）和老九梅葆玖（1934

1941年梅兰芳全家于香港（后排右一
为梅葆琛）

年生）平安长大，所以梅葆琛成了家里的老大。

老梅出生于北京，当时正是梅先生的京剧艺术日臻成熟的时期，人称"伶界大王"。梅先生于1919年和1924年两次赴日本演出，1930年赴美国演出，1935年赴苏联演出。但后来日寇侵华，梅先生全家于1932年迁居上海，1938年后梅先生在香港演出后隐居香港，1941年老梅兄妹四人随母亲去香港全家团聚，但随即日军占领香港，梅先生就让老梅和梅绍武二人离开香港去重庆和贵阳求学，而梅先生在港被软禁并被押送回上海，此后闭门谢客。老梅于抗战胜利后的1946年4月返回上海准备考大学，先读的震旦大学法语班，因为他中学学的是英文，经过吃力的法文学习，最后总算通过。老梅上了震旦大学的土木工程系，经过在华东水利部的治理淮河的实习后，最后于 1952 年于同济大学结构系工民建专业毕业，被分配到中央一机部华北建筑工程公司和华北第三建筑公司任技术员（梅先生也是于 1951 年由上海返回北京），1955 年 1 月到北京市建筑工程局设计院（即北京市建筑设计研究院的前身）任技术员，1963 年由十级技术员调整为九级工程师，1982 年调整为八级工程师，1987 年聘任为高级工程师。

1987 年梅葆琛先生照片

　　我于 1965 年被分配到建院时在第五设计室，老梅当时也在五室。室里是综合组编制，即每一个组里建筑、结构、设备、电气专业都有，我们不在一个组，工作上自然接触不多，但很快就知道他是梅兰芳的儿子，尤其是脸型与梅先生还是很像的。当时印象最深的还是老梅骑的那辆深绿色的自行车。老梅每天骑自行车上下班，骑一辆带加快轴的凤头牌自行车，又称"兰令牌"（Raleigh），商标是一个凤头，下面是一个大写的"R"，最下面注明英国诺丁汉。当时的进口自行车除创始于 1890 年的兰令牌外，还有三枪（B. S. A）、菲利浦（Phillips）等品牌。而国产的就是飞鸽牌和永久牌，凤凰牌则是 1959 年才注册的，看得出有模仿凤头名牌的意思。按当时的生活标准，骑原装进口自行车也和今日开进口名车差不多。我记得当时建院有两辆凤头车，一辆老梅骑着，一辆傅义通骑着，两人对于"爱车"都是爱护备至，除了细心保养外，还要防着被偷。就拿老梅来说，他的车子从不放到院里的停车棚内，因为那里面太暗又有死角，如有人偷车不易被发现，所以都放在车棚外面人们看得见的地方；其次是层层上锁，凤头车的前叉子上自己就设计有一把锁，人们通常就在后轮上再加一把锁，而老梅在后轮上加了三把紧紧叠在一起的车锁，有人要同时打开这三把锁也是要费点劲。听说他也不在外面修车，也怕人家把原装的进口配件如车轴什么的给偷换了。记得老梅还曾改装过车子，在后货架下面安装一个扁扁的发动机，开起来就和摩托车一样，省劲、快速也很神气。这就是我对他的最初印象。

老梅出身于京剧世家，平时经常观看父亲的演出，对京剧耳濡目染。每次去观看演出的时候都带着照相机，有拍剧照的任务。老梅说父亲很会配合着等他拍照，照片洗出来后梅先生要拿着放大镜仔细地观察研究，一是琢磨演出时的不足之处，顺便也评价老梅的拍照技术。我有时也琢磨，老梅和京剧这么密切，条件这么优越，为什么后来没干这一行？看老梅的回忆才知，他在重庆读中学时，梅先生就寄信给他："你的九弟葆玖喜爱京剧，我看他有条件学戏，因此在他十岁时，专门给他开蒙并彩排了《三娘教子》的小东人一角，受到观众欢迎，于是决心让他边上学边学戏……11岁时拜王幼卿为师，从那时正式开始学戏，以便将来接我的班。"同时梅先生也觉得自己的孩子应该从事不同的职业，不要都学同一行。那时老梅和五弟都在外面念书，年岁已较大，已不太适合再学戏了，于是一个学了结构工程，一个学了外国文学。后来我也分析老梅学旦角也有不合适之处，一是他人比较高大魁梧，在左眉梢有一颗很大的黑痣；另外老梅手上老裹着纱布，不知是湿疹还是什么病，加上他后来身体较弱，又有哮喘等毛

梅兰芳教梅葆琛
拉二胡

病，从事演员这个职业看来不是最佳选择。

但老梅出于对京剧的热爱，也曾动过别的念头。他曾说："不教我唱，总不能不让我学点京剧乐器吧。"后来梅先生答应他在不影响读书的前提下教他拉二胡，当技术有所长进时，老梅也想"下海"干"场面"这一行，但梅先生提醒他："你已经上大学了，要安心念书，将来当个出色的工程师。你最近拉二胡很有进步，手音、指法、弓法都很不错，不过这一行你想干好并不是一件容易的事，'场面'上各种乐器都要懂，你哪有那么多的时间去学呢？……但如果你白天念书，晚上学二胡，还听戏，对学业会有影响的。精力不充沛，脑子就不好使，功课又怎么跟得上呢？长此下去是不行的。希望你分清主次，以学业为主。"加上老梅当时学习的压力比较大，就照父亲的话去做了。他不但向梅先生的琴师王少卿学习，到北京后还曾向徐兰沅老前辈求教，因此琴艺日臻成熟。除常为父亲和弟弟吊嗓子外，还掌握了《凤还巢》《霸王别姬》等传统剧目和京剧现代戏。

"文革"初期，老梅的琴艺还曾一显身手呢！那时群众组织"打派仗"，规划系统的一些空闲的京剧爱好者准备组织起来排练演出全本的革命现代剧《沙家浜》。那时演些现代戏的折子戏，如"智斗""斗鸠山"等还是比较容易的，但排练全本现代戏就连专业剧团也要费点劲呢。不想规划系统还是神通广大，建院也是藏龙卧虎，不但排练出来，而且还去各处演出，名声在外。记得剧团的艺术指导是朱文鹏，文武场中鼓佬是陶伯贤，京胡是郝大中和兰承燮，二胡梅葆琛，月琴高鸿印，大提琴赵文田；在演员中宋家骐饰演郭建光，何定国饰演刁德一，吴湘筠饰演沙奶奶，还有些角色可能是规划局、市政院和勘测处的同志饰演，我就不太熟悉了。这些演员的演技都很到位，所以很受欢迎。即使是"奔袭"和"突破"两场中有新四军战士的虎跳和越墙动作，建院的电工李同周翻跟斗的功夫也很了得，他一人在前面翻出点高难度动作后，后面的"新四军战士"就一哄而过了。

剧团演出过程中还有一段少为人知的故事。之前和我同住建院单宿同一房间的赵志贤也是京剧爱好者，并在剧中讨得了基干民兵王福根的角色，在剧中有多句道白，该角色在"斥敌"一场中被胡传魁的忠义救国军枪杀了。这一情节遭到了当时正"打派仗"的对立面组织的攻击，他们说这个剧组里就赵志贤一个共产党员，可你们安排的角色还给枪毙了……这下剧组当然承受了很大压力，马上研究给赵志贤重新安排了剧中常熟县委书记程谦明的角色，而且在第六场"增援"中还有四句西皮二六："病情不重休挂念，心静自然少忧烦，家中有人勤照看，草药一剂保平安。"这样对立面就不好再说什么了。

后来城建口很快军管、大联合，按部署抓革命促生产，剧团各人都回室了。这时我和老梅都在以五室为基础新组建的三室中，并在一个综合组（综五组）里。由我和聂振升任组长，但有时还和老梅聊京剧的事。一次问他关于谭派唱腔，他说谭派就是"鸡、鸭、鹅"。我理解可能是谭派的唱腔中常有"呀""呃"等发音吧。有时我们还讲有关梅先生私生活的传闻，开老梅的玩笑。还有一次聊起他的弟弟梅葆玖，他说梅葆玖是个玩主，新鲜玩意儿无所不能，什么开车、开飞机、玩音响、吃西餐，生活也很浪漫、西方化。但老梅终究还是结构工程师，从他 1955 年到建院，直到 1987 年退休，在 30 多年的时间里，做了大量的工程项目，有"国庆十大工程"之一的军事博物馆，又有援外和使馆工程，从办公楼、教学科研楼、学校、图书馆、宿舍楼到各种工业厂房、剧场、人防工程、冷库等，结构形式从木结构、砖混结构、钢筋混凝土结构、钢结构，以及当时新型的抗震框架——剪刀墙结构、内框架等。这些工程在老梅精心考虑和细致研究下，加上及时与施工单位配合，坚持质量，严格把关，均经受了地震的考验。老梅还曾任院业余建筑学院的辅导老师（1965 年），北京土木工程学校毕业设计辅导老师（1967 年）。另外老梅也参加过自己旧帘子胡同住宅的扩建，1961 年梅先生去世后老梅和建院一起策划百花山墓地的规划，1983 年墓地重修时，还和建筑师施德浓一起研究过设计问题，对墓碑的尺寸、题字等都提出过意见：2.9 米高、1 米宽的青石碑

1991 年梅葆琛和爱人林映霞在梅兰芳墓前

上只有梅先生的秘书许姬传先生题写的"梅兰芳之墓"五个大字，下面是梅先生的生卒年份，梅先生和王明华、福芝芳合葬于此。

　　1970 年时我和老梅还有一次合作的机会，那就是北京市喷漆总厂的工程。建筑方面是我，结构方面是老梅，设备方面是王君蕙。喷漆总厂原在宣武区城内，因各种原因要整体搬迁到广安门外西南角的鸭子桥。那是路东一块南北狭长的用地，主要入口朝西，详细的数字不记得了，只记得由南到北是三栋 15 米跨度的单层厂房。最北面的是连续三个 15 米跨度的大车间，此外还包括厂区所必需的配套设施，像办公室、变压电室、泵房、生活设施等总建筑面积六千多平方米。甲方搞基建的负责人叫欧阳锐。（这个厂区在前些年房地产开发时已被拆除搞了房地产。）当时的厂房基本都是通用厂房，工艺要求不是

梅葆琛所绘北京市喷漆总厂施工图纸局部

很复杂。15米跨度的钢屋架是当时正流行的下撑式屋架，最近我还发现了当时的几张施工图纸，看着老梅所绘的结构施工图，又回想起当时一起下工地、一起处理技术问题的情景。老梅对于工程的态度是十分认真负责的，甚至有时让人觉得稍稍有些保守。这可能也源于老梅的家教，梅兰芳先生虽然是全国著名的戏剧大师，但对子女的要求还是很严格的。老梅曾回忆在工作以后，建院的任务十分繁重，晚上还要加班，但梅先生仍给老梅布置了管家的任务，家里的一切生活费用和留在家里的工作人员的工资都要由老梅负责支付。所以每隔一段时间老梅就要把几个月来开支的明细账目请梅先生过目，梅先生仔细核对之后，还要专门把老梅叫过去："你的账目很清楚……我看后感到一目了然。这是你的优点，也许由于你是搞建筑设计工作的，对任何一个数字都不会马虎。要知道我为什么让你为我管家，主要是让你知道，我虽然现在的生活较为宽裕，但是在生活上仍要本着节约的原则过日子；其次是让你知道，我演出的收入来之不易，是我每次流多少汗水得到的报酬，你要珍惜它，一定要注意省吃俭用；三是你经过管家，可以培养你自己对自己的责任感，让你养成以后在工作岗位上，干任何一件工作时，都要始终保持认真负责、一丝不苟、有据可查的工作态度，这样联系到平时你的本职工作也是有益的。"我想老梅正是在父母的严教下成长，也是按照梅先生的谆谆教诲去做的。

其实老梅除了梅家的这些事情为同事所关注之外，还有一个很重要的社会关系，就是他还是李先念同志的连襟。李先念的夫人林佳楣和老梅的夫人林映霞是亲姐妹。也正是由于这一层关系，在"文革"初期老梅的母亲受到冲击，但老梅却安然无事。林映霞是江苏丹阳人，和老梅同岁，1948 年老梅在震旦大学读法语班时，林也因同样的原因在"恶补"法文（因为法语考试不及格就不能进修主课），彼此在学习上互相帮助，放学后还经常在一起复习，两人就成了朋友。后来大学分班后林读了口腔专业，二人仍保持朋友关系。梅家对孩子的终身大事自然是十分关注的，当时提出的择偶标准一是要朴素老实、会过日子，二是不要影响学业，老梅认为林是心目中理想的伴侣，就告诉了父母亲，后来二人一起和老梅父母见了面，经过细问，才知道林映霞的祖父是苏滩（现在的昆剧）名家林步青先生，当年在江浙一带极负盛名。她家姐妹三人，姐姐林佳楣比老梅大一岁，也是学的医。林的家庭和本人情况甚合老梅父母之意，于是同意二人交往。老梅说："当在学业上遇到困难时，她总是鼓励我不要灰心，我能顺利地毕业与她的努力也是分不开的。在生活上我真感受到她是一位勤俭持家的帮手。"1951 年冬他们二人在北京结婚，当时梅先生夫妇正在沈阳演出，还专门打电话祝他们新婚快乐。林映霞大学毕业后分配在协和医院，我们和老梅聊天时常不经意说到她是牙科大夫，每逢这时老梅都要很严肃地更正说："是口腔科。"

1959 年梅先生在上海演出新作《穆桂英挂帅》之前，感到自己的面部还不够丰满，于是请林大夫专门配了义齿使下颌部位更加丰满，又将不够整齐的门牙覆盖一道烤瓷，使首演的效果十分理想。1962 年起老梅开始撰写回忆父亲的文章，也是林大夫协助整理成章，两人斟酌修改后才定稿。1988 年在《人民日报》海外版连载了一部分，很受国内外读者欢迎。后来又补充了许多内容和照片，于 1994 年梅先生诞辰 100 周年之际出版了《怀念父亲梅兰芳》，全书 13 万字。在建院

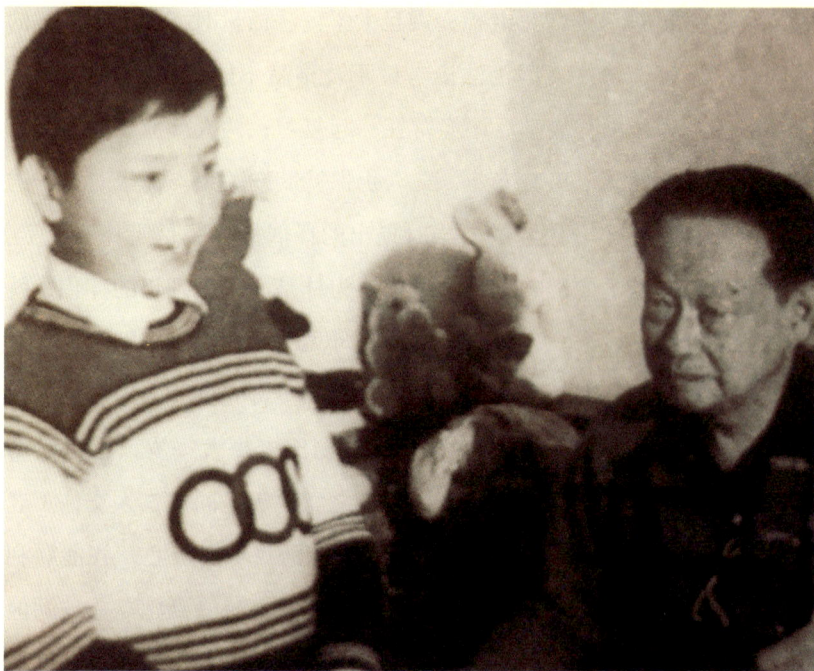

1992年梅葆琛给孙子拉琴吊嗓

时我们也十分好奇地问过他家和李先念家的交往，想打听一点内部消息，老梅只是淡淡地说："一年之中也就去中南海一两次……"

老梅夫妇育有二子一女，也有了第三代，他撰写的回忆录中说开始时孙子并不喜爱京剧，直到九岁时把他送到西城区少年宫春芽少儿京剧团学习，在老师的指导下，学习两个月以后就能演唱整段的"二进宫"，令老梅全家十分欣喜，但也仅仅是爱好而已，最后并未"下海"。所以在2016年梅葆玖去世以后，评论认为"后人对梅派从艺术到技巧的表达，再能够做到像梅兰芳那么精致，像梅葆玖那样精准，已相当困难"。梅派只有两代人，不像谭派那样七代传承。

1975 年后我从三室调到六室工作，后来又出国学习和忙于工程的现场设计，和老梅的接触就少多了。老梅于 1987 年退休，林大夫早在 1983 年退休，我曾在南礼士路南口的人行道上遇到老梅几次，那时我觉得他好像就住在附近，因为看他还在那儿散步，并没有像过去上下班时骑车。尤其是 1989 年夏天，我们站在马路上聊了好长时间。老梅 2008 年去世的消息是我想写这篇文章时才查到的。

网上对老梅有十分中肯的评价："继承了梅氏家族的家风，一辈子老老实实做人，认认真真做事，勤俭朴素地生活，诚实谦逊地待人，为我们树立了良好的榜样。"他"有严谨认真、细致负责、一丝不苟的工作作风，平易近人、谦虚朴素的生活作风。为祖国的建设和发展，为京剧艺术的传承和发扬光大做出自己的贡献"。的确，老梅出生在一个不那么普通的家庭，也有着不那么普通的社会关系，他平生的交往和经历也很有故事性。但他并没有因此张扬、炫耀，做事、为人都十分低调谦和，在结构设计的本职工作上认真负责、一丝不苟，在力所能及的范围内，为首都建设事业贡献了自己的才智和精力。明年是老梅去世十周年，谨以这篇小文作为一瓣心香，表达对于建院结构前辈和老同事梅葆琛先生的怀念。

2017 年 7 月 4 日雨后

忆恩师和引路人

——怀念周治良先生

北京市建筑设计研究院原副院长、顾问总建筑师周治良先生于2016年2月4日去世，当时我正在美国，于是嘱同事代我在告别会上送个花圈，但后来从照片上看到花圈的挽联上将我称为"好友"，真是把辈分搞错了。我是晚辈，周总不仅是我的老领导、老前辈，细论起来，还是我设计生涯中的恩师、引路人。从我1983年从日本学习归来后筹备亚运会工程开始，经过亚运会、远东及南太平洋地区伤残人运动会，到申办2000年夏季奥运会，前后有11年时间我都在周总的直接领导下工作，对我来说，这是一种缘分，更是极好的请教和学习机会。

我初被分配到建院时，除了参加"四清"、接待"红卫兵"、在"文革"中担任护院队队员、去农村劳动外，主要在五室（后改为三室）做具体工程，和周总打交道不多。1975年我当了六室副主任以后，因为负责室里的科研、方案、审图等工作，与周总有些工作上的接触，到1979年周总担任副院长前后，也没有太多交集。1981年我去日本研修，当年8月遇到在东京大学做访问学者的清华大学王炳麟老师。当时日本的《玻璃和建筑》杂志正要出一期有关中国建筑的增

周治良先生

刊，在向他约稿，于是王老师让我和柴裴义写一篇有关中国住宅情况
的文章。我们手头没有现成的资料，只好向建院求援，当时周总还兼
任院技术室主任，给我寄来了有关北京住宅的许多资料，除标准住宅
和前三门住宅外，还有团结湖、左家庄等小区的图片和资料，一下解
决了大问题！我和柴裴义就根据这些材料，在日本编辑本多先生的帮
助下，完成了题为《住宅的现状》的论文，这也是我们在国外发表的
第一篇文章。记得该期杂志上，还有王炳麟介绍国内剧场的文章和路
秉杰老师等人的文字。

　　1982 年 11 月，周总来日本考察，住在赤坂的东急旅馆，距我上
班的草月会馆很近。于是我们向他汇报了在日本的工作情况，同时还
见到了正在日本一桥大学念书的周总的侄子周启乾（周一良的公子）。
当时距我们回国也只有两个月的时间了。后来给周总寄去他在日本的

1982 年 11 月周总在日本东京

照片时，顺便也谈了回国以后想多从事实际的设计工作的想法。周总在 1983 年 1 月 6 日回了信（已经过去 34 年了，但这封信我至今还保存着），信中说："来信谈到你的工作问题的意见，我完全同意你的意见。大体安排是暂不回六室，因一回去就出不来，暂时在技术室，因我兼技术室主任，以后去哪里都比较方便。你的工作是总结整理在日本学习的经验。时间可以是半年或一年。下一步如何办，看发展情况。总之，以不脱离做实际工作为要。这样你可在这一段时间内和刘开济、傅义通等副总建筑师多接触，多学习，也可了解一下建院的情况。目前院内情况是十分复杂的，人与人的关系十分微妙，我想你回来后在旁观察一下，而不是参与其中是大有好处的。以上的安排我已在院内院长办公会议上说了，几位院长也同意，大体就这样定下来了。"

当时周总已在考虑亚运会的问题了，信中说："1988 年亚洲运动会已初步决定在中国举行，届时将要搞一些体育建筑，我想起你上次谈到的如何考虑举行大型体育运动会的资料，假如可能的话希望代为收集一下，我想对我们考虑亚运会的建设会有好处。其他体育建筑的资料如有可能也请代为收集一下。明年在神户召开世界大学生运动会，我们去神户时正在平整场地，一部分设施建在人工岛上，一部分在神户市山谷中，如有条件也请代为留意。"周总在那时就已经为我的学习和工作做了长远的规划和安排，他关心爱护后辈之心让我甚为感激。

回到院里后，我在技术室有向各位老总学习和请教的机会，并和几位老总一起去西北出差考察，周总还让技术室的徐镇帮我联系发表一些论文（徐当时是好几个学术杂志的编委），同时找机会带我到规划局去拜见规划界的前辈陈干、李准、沈亚迪等人，还去天津市建筑设计院拜访他的三哥、天津院副院长周昰良。他也创造条件让我参加国内的一些学术会议，像1984年5月在广州《世界建筑》举办的讨论会上，我的一个发言整理后发表在周总任副社长的《世界建筑》上，这也是我在国内发表的第一篇论文。这些锻炼和机遇都大大开阔了我的眼界，也增强了我在工作上的信心。

接着就是筹办亚运会。1974年我国重返亚运会，并在1982年第八届新德里亚运会上，打破了日本运动员一直独霸亚运会的局面，一举获得了61块金牌，成为我国体育竞赛史上划时代的事件。这时在中国举办亚运会的时机也已成熟，所以建院配合国家体委很早就开始了相关的准备工作。我先和供应室、研究室一起，做前期的情报搜集和整理工作。那时周总特地赠我一册《赴西德考察体育设施的技术报告》，这是1973年5月至6月他和国家体委等单位去西德考察了50多个体育设施后所写的总结报告，是一个80多页的油印本，里面的插图都是后贴上的黑白照片。这对当时信息还十分闭塞的我们这些设计人员来说，已经是很有用的第一手资料了。这时供应室情报组还系统地整理了举办过奥运会城市的设施专集，都是翻拍的照片。后来周总又把他自用的一本《体育建筑设计》专著送给我（书里还写着他自己的名字）。这是由建院一室组织编写的第一本系统的有关体育设施建筑设计的著作，1981 年出版以后很快售罄，所以对我来说太重要了。因为此前我虽然设计过一个羽毛球馆和室内游泳馆项目，但那只是为私人使用的，大型公共性的体育设施还从未设计过，周总送我的这些书和资料真是雪中送炭，再加上在日本时对东京奥运会设施的参观，起码的概念已初步具备了。1983 年 6 月，由周总召集会议，建院开始了亚运会的正式筹备工作。10 月，我和供应室情报组共同完成了《亚运会若干问题》的材料，50 页的篇幅，回顾了历届亚运会的历史、场馆布置和日程安排等，同时和国家体委、市规划局一起开始了拟议主体育中心的试作方案，这都是在周总和刘开济总的指导下进行的。1984 年 4 月，周总又带我去承德参加了中国体育科学学会、中国建筑学会体育建筑专业委员会的成立会，这是利用亚运会的契机成立的一个二级学会，对此后国内体育设施的建设起了重要指导作用。国家体委副主任陈先任委员会主任（陈先表示由一个副部级领导出任一个二级学会领导还是国内第一次，可见对此事的重视），周总等二人任副主任，委员包括规划、设计、体育工艺、场馆管理等方面的专家，我也忝列其中。在这次会上，规划和建筑方面的负责人分别汇报了亚运会场馆布局和体育中心的初步设想，也就是在这次会上，除了清华大学的吴良镛、夏翔、张昌龄等教授外，我还第一次见到了葛如亮、梅季魁、蒋仲钧、董石麟、张家臣、黎佗芬、刘绍周、郭明卓等建筑界的前辈和同行，听取了大家的意见。之后经数度修改，确定最终方案，6 月亚洲奥林匹克理事会来北京考察时，周总陪同代表团考察，

1984 年 9 月周总（左三）在加拿大蒙特利尔

　　我和刘开济总一起向他们介绍了亚运会设施的设想。各方面的周密安排使我国终于在 9 月底取得了第十一届亚运会的主办权。

　　同年 7—8 月，洛杉矶奥运会举行。奥运会刚结束，国家体委就组织代表团前去考察，团内除体委的人员外，有朱燕吉（规划）、周总和刘开济（建筑），还有体育建筑专家梅季魁和魏敦山。在名额十分紧张的情况下，周总还为我争取到一个名额。我们先后考察了美国、加拿大和日本的奥运会设施和体育建筑。这也是我从事设计工作以来第一次出国公务考察，将近一个月的考察学习，使我大开了眼界，看到了实物，学习了别国的先进经验。在那个时代这是很难得的机会！

与此同时，从 1984 年 7 月 13 日起，由国家体委和北京市委牵头，开始了亚运会可行性研究报告的拟定，以便上报国家计划委员会审批。从研究到批准大概经过了一年半的时间。北京市参加研究的有朱燕吉（规划）和周总（建筑），我则在周总指导下做一些具体工作。可行性研究涉及的内容很多，但主要集中在场馆的数量和布置原则以及总投资数额上。因为我国那时经济还不宽裕，所以投资额的控制是一个突出的问题，这涉及场馆的建设，当时定下的原则是"集中与分散相结合"，但紧接着的问题就是，以集中为主还是以分散为主，也就是主体育场到底是新建，还是利用北京原有的工人体育场：如果在北郊新建，那基本就是以集中为主的格局；如果利用原有的工人体育场，那总体格局就是以分散为主了。现在回想起来，这些原则的讨论，除了投资、城市发展、赛事安排等因素的考虑之外，更多的是相关利益方的彼此博弈。所以方案几次变化，我也按当时的要求，配合做过不同设想下的布置方案（如怎么利用工人体育场和工人体育馆的原有建筑，再新建游泳馆形成群体的设想），以便计算不同方案的造价，为决策提供参考。当然最后决定将工人体育场作为亚运会主场馆是综合考虑了各方面的因素。1986 年 2 月，可行性报告得到最后批准，明确了"在总体规划指导下，基本分散，适当集中，全市大体均衡分布，形成分散与集中相结合的体育设施布局"的原则。能参与这一工作也是我设计生涯中在周总指导下难得的经历。

在可行性报告获得批复的同时，1986 年 2 月 20 日亚运会工程总指挥部成立，周总即任总指挥部下的规划设计部的副部长兼总建筑师（部长是市规划局的俞长风副局长）。他除了要过问北郊体育中心的设计外，还有亚运村、各区县的中小型馆以及配套的安慧南里、安苑北里等工程的建设，其中新建场馆总建筑面积 23 万平方米，运动员村 52 万平方米，两个居住小区 110 万平方米，是十分复杂、繁重的任务。周总那时 61 岁，身体很好，经验丰富，又有组织能力，正是发挥个人才华的大好时机。当时建院承担了其中的 13 个子项，并成立了相关的组织领导机构和技术领导小组，我负责北郊体育中心的总体设计和若干个体的设计。当时我还是连高级职称都没有的一般建筑师，也没有大型体育设施的设计经历，内心十分忐忑，全要仰仗周总和院里众多的老专家、经验丰富的老同事以及有朝气有活力的年轻同事的支持并与之共同努力。由于有周总在总指挥部的便利条件，我们可以及时沟通，直接了解总指挥部的有关意图，体育建筑专业委员会也组织了多次学术会议，如对广州全运会设施的考察。周总还从国家体委何振梁先生那里借来了慕尼黑、蒙特利尔、洛杉矶等几届奥运会组委会在运动会结束之后向国际奥委会提供的正式报告（这种报告只有奥委会委员才能得到，所以当时在国内是很难见到的），我们赶紧把有关的部分复印下来。这也成了设计工作中极重要的参考资料，增强了整个团队做好设计的信心。

此后我们的设计进展比较顺利，经过指挥部和首都规划委员会的多次讨论与评审会以及北京市体育界、美术界的评审会，后在 1986年 9 月邀请全国 13 位建筑专家评议，最后于 11 月 8 日体育中心的规划方案得到批准，随即转入各子项的初步设计及施工图的边设计边施工阶段。1987 年 4 月起，施工单位陆续进场开工，到 1989 年年底，主体工程陆续竣工，这时周总已办了退休手续，但仍战斗在亚运工程一线。在整个工程进行当中，我深感由于总指挥部有周总这样的建筑专家指点、把关、保驾，能够充分理解建筑师的设计意图，能够在投资十分紧张，尤其到了工程后期为了控制投资而对设计中许多地方进行削减或修改的时候，由于周总的努力，最后保留了大部分的设计意图（当然对设计人来讲还有许多不如意之处），这已经是很不容易的了，个中细节这里就不赘述了。在亚运会举办期间，周总作为指挥部在技术上的主要负责人之一，一直值守在主会场现场，排除险情，保证了亚运会的顺利进行。

在亚运工程后我曾看到一份材料讲到周总对亚运工程的重要作用：一是对设计标准和方针政策的指导，及时制定了《亚运工程设计单位条件》《无障碍设计》《中小场馆改建标准》等规定，把住质量关，参加审定全部设计方案；二是提出多层次的环境设计构想，在宏观、中观和微观层次上，因地制宜采取多种处理方式，以求得较好的环境效果，在设计中贯彻"保安全，保比赛，保计量准确"的原则，注意建筑形式多样化和多功能使用，经济效益和社会效益并重，精打细算，节约能源，采用新结构、新技术、新材料，并设置先进的电子服务系统；三是帮助解决重大的技术问题，如裸露钢结构采用薄层防火涂料，屋面板采用彩色夹心钢板，解决体育场馆的照明、音响、计时记分牌、供电线路铺设、环境绿化等问题，并协调土建工程和电子服务系统安装的关系，参与制定验收标准和验收办法，参加了全部工程验收工作。周总的这些工作，有些我们是直接感受到的，如为了控制投资，在用材上国奥中心没有一块石材饰面，全部采用喷涂等；有些则是我们基层无法了解的。

　　国际奥委会主席萨马兰奇在观看了亚运会开幕式以后说：他和他的同事认为中国完全有能力组织好奥林匹克运动会。1991 年 2 月，国务院正式批文同意北京申办 2000 年奥运会，中国奥委会也同意北京作为奥运会的候选城市。3 月 29 日奥运会申办委员会正式成立，周总又出任了工程规划组副组长兼总建筑师，这时周总已经 66 岁了。在国际奥委会将在洛桑召开执委会会议的前三天，即 1991 年 12 月 1 日，北京向国际奥委会递交了正式申请，到 1992 年 4 月 15 日报名截止时共有北京、柏林、巴西利亚、伊斯坦布尔、曼彻斯特、米兰、悉尼、塔什干等城市报名（后米兰、塔什干和巴西利亚先后退出）。在申办过程中，除了"走出去，请进来"，在面上派出代表团向国际奥委会委员介绍情况和邀请他们访问北京外，更多的幕后工作则是按照国际奥委会发出的《奥运会申办城市手册》提出的要求，按时完成递交给国际奥委会的申办报告。申办书要回答国际奥委会提出的 23 个问题，共分为基本内容、奥林匹克内容、技术内容三大部分，其中奥林匹克内容就包括奥运设施（已有和新建）、运动员村的内容，这对我们来说又是从未遇到过的全新课题。我们一个精干的小班子（包括单可民、王兵、陈晓民和我等几人）负责奥运设施，住宅所负责运动员村。这时又是周总从国家体委何振梁先生那里借来了一批此前申办过奥运会的城市的申办书作为蓝本，记得有汉城（现称首尔）、巴塞罗那、亚特兰大等城市，这些申办书的内容繁简不同，表达手段也不一样，但起码让我们了解到申办书的基本要求，明白应如何加以表现。记得调研从 1991 年 7 月起就开始了，我们从参加过奥运会的体育专业人士和有关资料中了解各个单项对场馆的具体要求，尤其是新

1991 年 7 月周总在英国考察世界残疾人运动会场馆

建的主体育场、五棵松 21 世纪体育中心、自行车馆和过去没接触过的马术、水上运动等项目的场馆，都有一定难度。方案修改了多次，在基本成形以后，这些分区功能设想还要获得各国际单项体育联合会的同意，在 1992 年年底申办书最后完成。报告共三分册 457 页 27 万字，我们建院所承担的第二分册占了 316 页，这是我们在指挥部和周总的领导与指点下完成的第一份申奥成果。虽然在 1993 年 9 月最后表决时北京以两票之差惜败，但毕竟积累了经验，也为我们此后申办 2008 年奥运会打下了良好的基础。

其实在申办 2000 年奥运会的同时，周总还肩负着 1994 年将在北京召开的第六届远东及南太平洋地区残疾人运动会（以下简称"远南运动会"）的任务，这是中国第一次举办大型国际残疾人运动会，比赛项目共 14 项，对我国的设施无障碍水准和接待组织能力又是一次考验。周总出任了远南运动会工程规划部的副部长兼总规划师。当时比赛设置在国家奥林匹克体育中心和大学生体育馆，我又在周总的领导下进行了对体育中心的改造和赛事的筹备工作。国家奥林匹克体育中心在亚运会时就已考虑了观众的无障碍通行环境，观众的特殊座席、停车位和残疾人厕位等。但在贵宾和运动员方面的无障碍设施还有不足。为此周总又率团带着我用一周时间考察了在英国举办的世界残疾人运动会，我们看了他们的开闭幕式、各主要比赛项目、运动员村的无障碍设施以及交通运输方式等，找到我们在硬件和软件方面的差距，为远南运动会的成功举办创造了条件，也为此后举办残疾人奥运会打下了良好的基础。

另外，周总还兼做许多学术团体的领导和组织工作，如北京市土建学会、中国体育科学学会体育建筑专业委员会、中国文物学会传统建筑园林委员会等。许多学术活动他都创造机会让我参加，如体育建筑专业委员会的广州（两次）、西安、昆明、北京会议，传统建筑园林委员会的深圳会议，这都是我向专家和前辈学习的好机会，也能够和同行进行交流。周总的身体一直很好，虽年高仍常骑自行车到院里来，无论是到院里报销医疗费还是参加组织生活，总要抽时间到我办公室来坐坐，交换一些看法，也使我可以聆听他的教诲。记得他曾提到他手头保存有北京亚运会从申办到举办的详细资料，他又是建院的元老，见证了这个与共和国同龄的设计院的成长和发展。我认为这些都是十分宝贵的历史资料，也是只有周总这样的老前辈才能掌握的第一手材料，便多次劝他抓紧时间把这些东西整理成文。他曾写过有关建

1952 年周总（后排左二）在北京友谊医院设计组，前排右一为张镈总

院初创时期的回忆文章，但后来就没有更多的文字问世，不能不说是
很遗憾的事。他十分关心我的工作，多次建议我再做一些工程，但我
当时的重点在把过去的一些文章结集，也没有更多精力去亲力亲为做
工程了。在北京奥运会之前的 2006 年，我把历年写的有关体育建筑
的文字以《体育建筑论稿——从亚运到奥运》为题出版，在 2006 年
10 月 30 日召开了出版座谈会，建筑界和体育界的许多前辈和同行参
加，当时周总已 81 岁高龄，仍前来参加，给予鼓励。这本书其实就
是我在周总的指引和栽培下，从知之甚少而逐步成长，以至能够驾驭
大型体育工程的记录和写照，处处饱含了周总的关爱和心血。

　　周总出身名门世家，从他平时的谈吐、处世也可以看出一股儒雅
之气。但他十分低调，自己从不提及。后来他送了我一本名为《东至

周氏家族》的书，我才对周总的家世有些了解。周家是安徽东至县的名门，曾祖周馥是清末洋务运动的重要人物，曾官至兵部尚书、两江总督，在治水、理军、办学、兴商方面均有成就，去世后已逊位的溥仪曾予谥"悫慎"。祖父周学海为著名中医，因病早逝。周总的父亲周叔弢是第三子，是我国著名的民族实业家和收藏家，幼时喜爱古文诗词、训诂之学，20 岁时曾在青岛与德国牧师卫礼贤共同翻译康德的著作，28 岁后随四叔周学熙学办实业，1949 年后曾任天津市副市长、全国政协副主席。他一生爱书如命，以藏书之富和版本鉴定之精而闻名。他花费心血收藏了宋、元、明三代的善本，精抄、精校本。1952年他把其中的精品 715 种共 2672 册捐给国家，现藏于北京图书馆；1954 年将中外文图书 3500 册捐予南开大学图书馆；1955 年将 22600册书捐予天津市图书馆；1981 年又将 9196 册善本书和 1262 件古印玺捐给国家，藏于天津市图书馆和天津艺术博物馆。他育有七子三女，绝大多数都进入学术界和教育界，周总为其第六子。

1990 年 1 月亚运会工程已经结束，周总忽然赠我一册天津人民美术出版社出版的《周叔弢先生捐献玺印选》，并在书中题道："先父叔弢公存印数百方，多稀世珍品，已捐藏于天津艺术博物馆，国馨喜治印，因持此印谱以赠，他山之石，可以攻玉耳。"原来周总听说我还有不入门的篆刻爱好，所以特地赠书，体现了老前辈关爱后辈的拳拳之心，令我十分感动。所以虽然我的篆刻并未入门，但后来也为周总治名章一方以示感谢。

在周总去世前的几年，我因去国外长期探亲，所以很少联系，但周总作为我的恩师和引路人的情分，我是时刻萦绕于怀的。在我的设

先父叔弢公存印数百方，多稀世珍品，已捐藏于天津艺术博物馆，国馨喜治印，因特此印谱以赠，他山之石，可以攻玉耳。

周治良 九〇年元月

右图：1990年周总赠作者书题记
左图：2003年作者为周总所治名章

计生涯中，有11年时间是在周总的直接领导和指点下，他言传身教，手把手地让我学会了许多许多，让我在建院这个平台上逐渐成长，以至还获得了一些荣誉，这和周总长期的耳提面命是分不开的。虽然在2016年5月的周总追思会上做了发言，但意犹未尽，还想用这篇文字再次表达我对他老人家的感激和怀念之情。因为在我学习和成长的重要阶段，周总正是我的恩师和引路人。

2017年1月4日于雾霾之中完稿

敬贺伟成老九十寿诞

在出版《中国第一代建筑结构工程设计大师：杨宽麟》一书时，我曾为该书写过一篇序言。其实在建院，我和杨宽麟总并无太多交集，只是见过几面而已，而更多交往是与他的哲嗣杨伟成总。按说杨伟成总也是我的前辈，但我仍习惯称其为"杨总"。我和他除了几十年同事的关系之外，近十几年在个人私交上又有较深友情。因为他在我心目中是一位令人尊敬、亲切的前辈，又对我多有关心和指教，我想妄称一下忘年交好像也不为过，所以很想就我们之间的友情写点东西。

杨伟成总 1927 年出生于上海，1945 年毕业于圣约翰大学土木工程系，1947 年 8 月通过民国政府教育部第二届自费留学考试合格后去美国留学，获机械工程硕士学位后于 1951 年回国。他自述之所以从土木改暖通专业，一是后者人才缺乏，二是专业更有趣，设计效果在投产后马上能显现出来，而结构专业的安全系数就很难表现出来。1954 年他随兴业投资公司建筑工程设计部并入北京市建筑设计研究院，在第五设计室任工程师、设计组组长，也是院技术委员会成员。1961—1965 年从事全院的专业指导和技术培训，1981—1989 年任院

杨伟成先生（2012 年）

副总工程师。退休后曾返聘至院永茂设计公司。在院期间，特别是在任院技术领导之后，对于院设备专业技术水平的提高，有关技术标准和规程的制订，新技术、新计算方法和新技术的开发，院的业务建设，院重大重点工程的技术指导和把关，做了大量的工作。尤其是退休后还为建筑采暖节能竭尽全力，进行了细致的研究和大范围的宣讲，有力地推动了建筑节能工作的开展，对于业界和建院做出很大贡献，在业界有很高的威望和知名度。

由于我工作分配到建院后就在第五设计室，因此有幸和杨总共事，得到他的悉心指导。此前他在首都体育馆设计组，为国内首座人工冰场的制冷方案、施工要求、空调方案等做了大量开拓性研究。我们前后合作过两个工程，分别是 1971 年的建外国际俱乐部工程和 1972 年的东交民巷 15 号宾馆的游泳馆羽毛球馆工程，对我来说这两个工程是我从事民用建筑设计的头两个工程（以前都是设计的工业厂房或锅炉房等工程），所以是全力以赴。俱乐部工程主持人是吴观张，我是建筑负责人，结构负责人是崔振亚，设备负责人是郭慧琴，电气负责人是刘绍芬。那时我主要负责俱乐部三段宴会、餐饮和多功能厅部分，尤其是厨房后台部分，在设备上和杨总配合。此前，张镈总多次强调厨房的通风排气十分重要，他的设计作品中就有过成功和失败的不同范例，所以我格外小心，除自然通风外，机械排风就由杨总设计。当时我对中西厨房设计根本没有经验，除了去北京各家调研外，俱乐部的中西餐大厨对于灶具布置等要求也很多，中餐灶具要靠墙，西餐灶具要四面悬空，给杨总出了不少难题。他最后的设计在排风罩的面积、角度、管道等方面都很有特色，让我长了很多见识，这是我和杨总的第一次愉快合作。紧接着的东交民巷 15 号宾馆工程，我是主持人，这也是我第一次独立主持民用工程，结构负责人是崔振亚，设备负责人是王英华，电气负责人是唐凤珍。因为这个工程有密级要求，所以另外三个负责人都曾在院保密四室待过。本工程内容是一个游泳馆、一个羽毛球馆，对于空气调节专业的要求很高，尤其是游泳馆对保温隔热、排气、空调要求都很高，但王英华只能做给排水，所以空调设计的重任就落在杨总肩上，但在设计和施工过程中，工程现场一次也没让杨总去过。和杨总的配合是我对体育建筑的最入门的学习，也为以后我从事体育建筑设计打下最初的基础。现在回想起来，由于当时建筑材料和施工进度的要求，还有许多不理想之处，但那都是建筑处理方面的事情。经过这两个工程的历练，有杨总等前辈的指点，大大增强了我在设计工作上的经验和自信。

等到 1986 年开始亚运会工程时，杨总已是院的技术领导，那是我第一次负责主持这样大的综合体育中心工程，院里十分重视，除由张学信代表院方领导协调外，还由刘开济、吴观张、张德沛、胡庆昌、杨伟成、吕光大、徐效忠等专家组成了技术领导小组进行指导和把关，以保证工程的顺利进行。虽在业务上和杨总交集较少，但 1987 年 6 月为场馆设计，曾和杨总一起出国考察，重点是游泳馆设施，成

1987年在法国考察体育建筑
（左起施绍男、杨伟成、作者、刘振秀、韩秀春）

员还有一所的刘振秀、韩秀春和施绍男，我们考察了联邦德国法兰克福、海德堡、科隆、斯图加特、慕尼黑和法国巴黎。我和杨总在旅馆共处一室，又整日在一起考察和生活，杨总的认真、亲切、幽默，对年轻人的关心和提携，给我留下了深刻印象，觉得他真是一位可敬可爱的长者。

最近看到杨总的一篇回忆，特别说起奥体中心游泳馆室内吊顶处理的故事，过去我是不知道的。游泳馆的建筑设计人原考虑游泳馆设置吊顶，并将保温层设于吊顶上，同时可以遮掩后面的钢屋架。杨总从建筑热工角度分析，认为这种做法会带来很大隐患。因为游泳馆内和吊顶内存在温差，而吊顶板又不是密闭的，所以水蒸气很容易从缝隙进入吊顶内，由于温差形成结露，影响保温层的保温效果，甚至可能滴到观众席和比赛大厅。最后设计人接受了杨总的意见，取消了吊顶，将保温层直接做到了金属屋顶面板上，把钢屋架全部露出，这样消除了隐患，增加了美观，杨总说："这也是我做了一件大好事。"

杨总退休之后，我们之间的来往并不多，大多是每年春节院里组织老总们聚餐时能见到包括杨总在内的老前辈们一面，不想后来为杨总出书的事我们走得越来越近。先是书信，后是电子邮件，以后又有电话和微信，他变成了和我有联系的老前辈们当中联系最密切的一位了。关于出书，杨总曾有介绍："2007 年初冬，我来建院办事，巧遇马总，他说有事约我面谈。我俩曾在同一设计室共事，年龄相差 15 岁，在相互配合设计工程中有过愉快的合作经历，后在亚运会建筑设计期间又一同出国考察，并合住一室，已相当熟识了。那天当我办事去到马总办公室时，他向我郑重提出一个建议，即为出一本纪念家父杨宽麟的文集组稿。说实在话，我过去从没有想过做这件事，一来父亲向来是主张'少说话，多办事'的人，而出这类书恐怕多少有点'自我吹嘘'之嫌；二来父亲去世已近四十年，他过去的同事、朋友多半已不在世，想找人写文章已相当困难。马总看出我的心思，动员我不妨试一试，我答应了。"

当时我之所以向杨总提出这个建议，主要是因为过去在建筑界有点重物不重人，建国以来建筑师们在祖国大地上留下了那么多的业绩，但我们除了工程介绍和说明外对于从事设计的建筑师们和工程师们很少涉及，而在工程设计和建造过程中的人和事，尤其是许多重要的节点和故事，更是很少涉及。随着当事人的年迈或故去，这些鲜活的历史就变成了无人知晓的绝唱，我一直认为这是亟待抢救的巨大工程。而对有悠久历史和辉煌业绩的建院来说，这些重大的工程和背后的人物，更是建院的宝贵资源和财富，其中的重要思想和精神，更需要深入发掘和总结，以使其不断发扬光大。这里除了院方重视外，重要人物的后人和亲属的参与也很重要，因为他们掌握着大量不为人知的第一手资料，存有大量的照片和实物，现在看来都是反映那个时代的重要文献记录。此前有一些成功的例子，如老一辈建筑师张玉泉、院副总宋融、院英年早逝的王兵都曾成功地出过专著，除其他因素外，家属的坚持和努力也是关键因素。我最早关注的是院"八大总"之一的杨锡镠老总，因为他在院里建筑专业老总中岁数最大（和顾鹏程老总都是出生于1899年），同时他的儿子杨维迅又是院里高工，所以我曾向杨维迅提出过这一建议，但过后不久他回答我觉得有困难，我就没有再坚持下去。而杨伟成总对此还是十分上心的，他认为"毕竟是件有意义的事……会有一定的史料价值"。

经过杨总的努力，他找了杨宽麟总生前的同事、学生、下属撰稿，加上百余张照片，于2008年7月完成初稿，并交院《建筑创作》编辑部。可是后来由于各种原因，出版工作进行得并不顺利，虽多次口头应允，但最后均未兑现。杨总自然非常着急，拖了几年，经多方问询无果之后，于2010年12月7日向院方写了一个正式报告，同时也转送一份给我，除了把准备出书和完稿以后几年的过程说明了一下以外，又补充了新的内容："目前我拟向诸位领导汇报的情况是：家父在解放初期的1949年至1952年间曾任上海圣约翰大学校务委员会的主任委员（即该校的行政第一把手），现在该校已不复存在，但其校友联谊会定于 2011 年 10 月 15—16 日召开其'第九届世界校友联谊会'（注：该会会长为原港澳办主任鲁平），地点在北京。不少校友会成员获悉我院拟出版杨宽麟书的消息之后，纷纷表示希望在明年的世界校友联谊会时看到它。恰巧 2011 年正是家父诞辰 120 周年，也是他去世的 40 周年，因而对于家父来说，2011 年是十分重要的一年。""鉴于上述情况，我恳请领导及出版社格外关注出书的事宜，请务必将它列入 2011 年上半年的计划之中，请务必在 6 月 30 日之前交书。我认为：它将不仅体现我院对建筑行业过去历史的重视，也体现国家乃至我院对老一代知识分子的关怀，对他们曾经做出的历史贡献的肯定。从这个角度来说，它也关系到我院在社会上的形象。"

在院领导尤其是张宇副院长和有关各方的重视下，此后加快了出书的编排工作，在成书的最后阶段，我除了复印和下载一批材料和插图提供给杨总外，还专门在 5 月给杨总写了一封信建议书中以杨总名义写的回忆文字应该是本书的重点，应是最全面、最权威的一篇文字，应包括杨宽麟总的生平、成就以及各方面的评价，书后还应附有大事年表、作品目录；在细节上也建议人物和生活照片要尽量注明时间和每一人物，便于大家理解。同年 6 月 20 日，杨宽麟总的亲传弟子程懋堃设计大师加上编辑人员和我一起去杨总家，用一下午的时间对书稿逐页逐图进行了审定，并对版式、封面处理、插图取舍等进行了讨论。最后，25 万字的新书在 9 月终于印刷完毕。书中收入了杨总及家属的文章，从中可以看出杨总作为家中长子对家庭的责任和担当，另外还收录了包括建院程懋堃总、白德懋总、孙有明总、鲍铁梅高工等人的回忆文章，以及北京、上海等处的校友、同事的文字。93

岁的老院长沈勃还专门为本书题词（他第二年春节就去世了），新书内容丰富、图文并茂，很受读者欢迎。

由于编书的缘故，杨总和我更加熟悉，除了亲笔签名赠书给我，平时更是无话不谈。我前后曾陆续出版过一些学术文集或休闲之作，每册均奉赠杨总求教。2012年5月我将新书《礼士路札记》寄送杨总后，杨总写了短信，谈到书中提到的张钦楠先生，他说："他是我同年代在美留学时的朋友，和我于1951年同船回国，20世纪80年代他作为部设计局局长，还找我搞过采暖民用建筑的节能建筑试点工作，合作得挺愉快，去年秋天有幸和他及夫人聚过一次。"2013年后，我因帮助照看双胞胎的孙子，每年要去美国停留半年，于是和杨总利用电邮和微信交流的事情就更多了。除了各种节日的互相问候外，杨总向我们介绍了许多他在美国生活的经验，在我们雇保姆时他还告诫"在美国雇保姆是很奢侈的事情"。但更多的话题则涉及他的岳母杨绛老先生。

杨总为人处世十分低调，在"文革"十年浩劫中，他没有被贴过大字报，没受到"触及"，杨总说自己除运气好以外，"父亲教我少说话，多干事"，"我本人不善讲话和低调做人都帮了大忙，我很庆幸"。他1974年和钱瑗结婚，成了钱锺书家的女婿，但和他共事多年的老同事都不知道此事。1997年和1998年钱瑗和钱锺书先生相继去世，杨总就经常去岳母杨绛处探望，2008年我出版了一本打油诗集《学步存稿》，还曾不知深浅地让杨总转致杨绛先生。在这次出书审稿时，书稿中有一张杨总和母亲与钱锺书全家在1991年时的合影，我半开玩笑地再三叮嘱，这张照片一定要放到书上。后来杨绛先生年事

上图：1991 年杨总与母亲（左一）与钱锺书先生一家合影

下图：2011 年作者与程懋堃总（右二）在杨总（中）家中审稿

已高，经常因病住进协和医院并多次报病危。我们在美国时这是经常和他谈及的话题。我们夫妇十分担心杨总也年事已高，因岳母住院往来探视照顾十分劳累，杨总向我们解释因为杨绛先生 2001 年在清华设立了"好读书奖学金"，所以清华承诺负责杨绛先生的住院、照顾以及百年之后的诸多事宜，杨总的负担就减轻许多。2015 年时，杨绛先生又住院，杨总的一位在北京医院做医生的亲戚对协和医院的用药提出自己的看法，杨总特地在信中问我们如何处理为妥，我们觉得直接向主治医生指出改变用药不太合适，以协和的医术和经验，是不会不了解各种药性的，他们不采用可能有他们自己的考虑，所以建议在提出建议的方式上一定要特别注意。到了 2016 年我们在美国又从网上看到杨绛先生住院的消息，回国后 5 月 20 日马上给杨总发信："从网上看到杨绛先生又病了，是真的吗？希望老先生能一切平安，也望您多加保重。"两个小时后杨总回电："你消息够灵通的，岳母又病是真，但网上谣传得过了，不要轻信。"但杨绛先生终究年事已高，这一关没有熬过去，26 日早 8 点我们给杨总发信："这两天一直在通州开会，但还是第一时间知道了杨绛先生去世的消息，大家担心的事还是成为现实。但想到杨先生终于能在天国和钱先生及女儿相聚，又是 105 岁高龄，也就不应为此事太过伤感了。这几天您那里肯定也会忙乱一阵，您又年届望九之年，还望多加保重，节哀顺变，后事处理好后多注意休息，我们也好放心。"下午杨总回信："多谢您的关心，老太太 25 日凌晨 1 点多平静去世。亲人均未在场，唯她的贴身保姆看她走的。赶去的法律顾问等决定不惊动我这老头，所以在向刘延东、统战部、清华大学、社科院各有关单位领导研究之后，被批准按老人的意思办，就是一切从简，不举办葬礼仪式，不开追悼会，不留骨灰，不立墓碑。上午 11 时通知我说善后的事务都已安排妥当，27 日早上 7 点半之前让我和儿子、侄子三人到协和医院参加小范围的最后告别，有领导和至亲们到场，之后马上火化。我的唯一任务就是准备写一篇悼念岳母的文章，以备出一纪念册之用。两天以来，各地打过来的电话不断（打到他三里河家里），还有很多送花的，她保姆求居民委员会在单元门上贴一布告，感谢人们的关爱和拒收花卉，希望予以理解。再次感谢你写来的信。改日再给你通电话。"

人民文学出版社在 2016 年 12 月出版了纪念集《杨绛——永远的女先生》一书。该书收入了 51 位作者的 46 篇文章，包括社科院、清华大学、出版社的领导和编辑，杨先生夫妇著作的海外译者，杨先生的亲属、朋友、同事、法律顾问等，而且出版社要求所有的文章都必须是第一次发表。杨总也写了一篇近 3000 字的题为《与"我们仨"的缘分》的纪念文章，文中回顾了 1971 年时与钱瑗家相识，然后因双方儿女的单身，双方老太如何开始谈及杨总和钱瑗的交友。杨总回忆了 1972 年钱家第一次正式邀他见面，以后每周五约钱瑗出来"轧轧马路""说说话"，经交往后发现双方的许多共同点和爱好，最后于 1974 年 5 月结婚。文中还回忆了在唐山地震时如何让岳父母搬到自己家来，也深情地写下了钱瑗和岳父钱锺书的去世，他写道："钱瑗多次逃避了年度体检。我十分后悔在她咳嗽长时间未愈时没有怀疑其严重性，直到 1995 年春被确诊为肺癌。她的病情急转直下，至 1997 年 3 月去世时还不到 60 岁。我为失去了心爱的人感到非常痛心，深为自责没有保护好她的身体。"这也是杨总第一次公开谈到自己的私人感情。最后还讲到岳母那两年之中接连送走两位亲人，"但意志坚强的她强忍悲痛，开始了'打扫现场'的行动"，"她给自己制订了极为严格紧迫的计划，让自己无暇于哀伤，她将全部精力投入艰辛的翻译和著述中，硕果累累"。在杨总得知我十分想看到他写的文章之后，把他手中仅存的多余一册新书赠给了我，并亲署"国馨贤弟惠存"，让我受宠若惊，既感动又觉得亲切。

　　我老伴在20世纪90年代建筑师继续教育时，就听过杨总的讲课，也读过杨总所写的一些文稿，杨总打到家里的电话，多次由她来接，所以也认识了杨总。在有微信的时代，我们的交流就更方便。我家的微信是用老伴的账号，所以杨总和我老伴更熟识了。一天，老伴发现微信上有一篇涉及杨总和前妻离婚原因的文字，我马上转发给杨总。杨总阅后说文章作者在叙述杨宽麟总是建筑界的学术权威后推断杨总的离婚与该因素有直接关联。这位作者虽然并非出于恶意，但他的推断完全是猜测，并无事实依据。再说，离婚的原因错综复杂，但均属于家庭和个人隐私，若公布于社会成为八卦新闻则对双方都有伤害。所以杨总和我们研究权衡之后，最好的方式就是不予理会，这充分体现了杨总的宽容大度。程懋堃设计大师在美国病逝的消息也是前不久我们在微信上看到后转发给杨总的，他们二人是几十年的交情，经常邮件往返，平日，杨总也把程总的许多消息转告给我。

　　因为杨总年近九秩，所以家中也不放心让他一人外出，他今年的体检报告就委托我去离退办代领后给他寄去，但今年6月27日，院离退休管理部举办了"与共和国同行——BIAD老物件文化展"，杨总仍在同事王晓晖的陪同下参加了开幕式。作为与会的唯一一位马上就

90 岁的老人，他步履矫健、精神矍铄，依然充满了活力。开幕式过后王晓晖邀请杨总和老同事王秀玲母子到烤肉宛用餐，我也借机参加并买了单，杨总说："上次程总和你去我家审稿，我原要请你们吃饭，但你们没吃就走了，我本来欠你一顿饭，这次怎能又让你买单呢？"我说："杨总几十年来对我们的关照和帮助，怎是区区这一顿饭就能报答和补偿的呢！"后来又想起了一小段插曲，那是 20 世纪 80 年代一天下班，我骑车去东城，出院时发现杨总也推着自行车在我后面，他也是去东城，于是我们二人结伴同行，边骑边聊。当骑过西单路口不久，杨总冷不丁对我说："小马，我发现怎么越看你越像是咱们院未来的院总呢？"他这突然一句吓了我一跳，因为和杨总共事多年，他给我的印象除了谦虚低调外，一般是很稳重、不苟言笑的，怎么会一时兴起，开我的玩笑，于是我回了他一句："院里的老总可不能随便开这种玩笑来取笑人的。"说完我俩相视而笑。真没想到，借杨总的吉言，在院领导和各方面的关心支持下，最后我还真的变成了院总中的一员。最近见到杨总时，他向我"吹嘘"，之所以能够如此，一切都是他的"金口玉言"所致。

今年 8 月底是杨总的九十大寿。近月底时，他和亲友乘高铁去郑州亲戚处探亲并庆贺九十华诞，我们在他启程后才知道这一消息，所以只能在微信上祝杨总永享海山之寿，万事如意，杨总自己认为："我一不小心就沾上'九'了，女儿对我的叮嘱也多了起来，我自己没有太在意，甚至有点不服老。"在我们心中，敬爱的杨总永远是那么低调、儒雅、谦和、大度，虽已至耄耋，但充满年轻人的活力。杨总总是自谦："不敢说有过多少成就，不敢说有过多少贡献。""接触

2016 年杨伟成总在作者办公室

的事五花八门都不精，但都挺有意思的，回头看，我感觉做了点儿事，挺高兴。"也许尚可称站好了自己的岗位，为社会留下了点儿印迹。"在这种达观的心态下，预计安抵期颐是毫无问题的，这也是我们作为后辈的心愿。

2017 年 8 月 30 日夜一稿

9 月 7 日修改

马到成功忆宋融

虽然和宋总在北京市建筑设计研究院共事近 37 年，但作为晚辈，作序这件事我并不合适。但看完本书初稿之后，有许多感想，加之宋总离去之后，本就有写点儿什么的想法，这次一并写出来作为对宋总的纪念，谈不上是序言。

这是一本记述为首都的建筑设计辛劳了一生的一位建筑师的书。与此前已经出版了许多有关建筑师的著作不同，那些印刷得十分精美、装帧十分讲究的专集大多是建筑师的设计作品或学术论文的专集，专业技术的色彩十分浓厚，很难引起圈外人士的兴趣和注意。相比之下，这本朴素的书却突出了其浓厚的人文色彩，或可以说着重从人文意识和人文精神的角度来反映一个人，反映一个毕生从事建筑设计的建筑师。与此相类似的策划来表现建筑师的书此前大概有梁思成、林徽因、戴念慈、林乐义四位先生的，凑巧的是那几本书都是以"建筑师某某某"作为书名。梁思成、林徽因二人因家世显赫和悲剧性的经历而为人们熟知，而有关戴、林二人的著作仍以技术性的内容为多，在表现人物的人文特色上显得还不够充分和饱满。而《建筑师宋融》一书的出版可以说是一次新的尝试，或说是重要的突破。通

宋融总建筑师

过本书，我们不但可更多地从"人"的角度了解一个有血有肉、活生生的宋总，了解他的追求和抱负、他的修养和品格、他的为人和爱好、他的喜怒和爱憎，还可以让更多的人了解什么是建筑师，了解从事这个职业所需要的素质和修养，从而使建筑师与社会更好地沟通和交流，让社会各界对建筑师这个职业和他们的工作能有更多的认识和理解。

近年来"人文"这个词出现的频率很高，"人文奥运""人文精神""人文观念""人文素质"……时时见诸书报。但我们头脑中对于"人文"的理解常常集中于"建设人文环境，丰富文化生活，展现文化风貌"等较为狭义的范围，或着重追求一种理想的"完人"或"楷模"来表现"以人为本"。但是如果脱离了我们生活中"现实、具体的人"，去抽象地、泛泛地议论"精神""素质"和"意识"，那是无法全面而准确地理解"人文"的。按照建筑设计行业中比较公认的我国建筑师世代划分的原则，宋总是第二代建筑师中有一定典型性和代表性的一位。他在建院的52年既经历了风雨坎坷，也赶上了改革开放的春天，有勤奋刻苦的学术追求，也有丰富多彩的业余和家庭生活，他受到人们的尊敬，也有人对他有意见……本书正是通过一连串独具个性的生活记录来深入地发掘他身上的人文内涵，就是人们常说的"更多地从现实的人的生存、自由、发展和解放来理解人的协调发展，同时关注人的价值和人生的意义"。

读完全书，宋总的最后题词"捧着一颗心来，不带半根草去"给人留下深刻的印象，而这正是他毕生的理想和追求的写照。我到建院后不久就赶上了"文革"，那时像宋总这样的"右派"虽然早已"摘帽"，但仍属于"不能乱说乱动"之列，否则就是"右派翻天"。在彻底改正前的20多年中，精神上的痛苦，人格上的屈辱，才华的难以施展，时光的虚度……加在他身上的种种重负并未改变他的"痴心"。他始终热爱生活，坦荡达观，他执着地认定要加入中国共产党，要为国家、为人民、为他所热爱的建筑事业贡献自己的后半生。他是这样想的，也是这样做的。他在焕发的第二次青春中只争朝夕地去干。不管是住宅的标准图、方庄小区的"二龙戏珠"、亚运村的规划设计，还是参与设计方案的评审、科研成果的讨论、学术上的辩论，处处可以感受到他睿智的思想、幽默的谈吐、坚持真理的作风以及"俯首甘为孺子牛"的追求。宋总在建筑学专业上有很高的造诣，正是因为他矢志不渝的人生追求，才能达到这样的境界。这种境界通过亚运会工程的合作和接触使我有了很深的感受。在第十一届亚运会北郊地区的建设中，宋总负责亚运村，我负责国家奥林匹克体育中心，我们彼此配合默契，合作愉快，在需要协调的地方很容易取得一致。像亚运村和体育中心的绝大多数建筑都采用了相同的色彩、相同的外墙涂料。为了表现时代、表现现代的中国建筑，我们都没有用一块琉璃瓦，而是用更简洁、朴素的手法来表现这一组建筑群。我们都认为

1994年，作者与宋融总（右二）、刘开济总（右三）合影

这样可能会更符合建筑物本身的特征。面对这种规模大、工期紧、单项多、变化多的重点工程，要解决种种意想不到的困难和矛盾，宋总待人处事、排难解困的思路和方法，给了我很多的启发和帮助。这里除了技术上的经验以外，更多地表现出了他的智慧和修养。尤其难忘的是在工程竣工以后，这两个工程曾多次获奖，但在获奖名单上，宋总都让我排在前面，而他排在后面，充分表现了一位建筑前辈对后进的支持和提携。所以每当我取得一点点进步时，自然而然就会想到宋总，想到前辈们的帮助和鼓励。

宋总还是一位具有艺术家气质、爱好广泛的建筑师。这是与他所从事的技术和艺术工作相契合的内在气质。人的存在常常更多地是通过自然、艺术、家庭等非技术途径来体现的。宋总喜欢看经典影片，

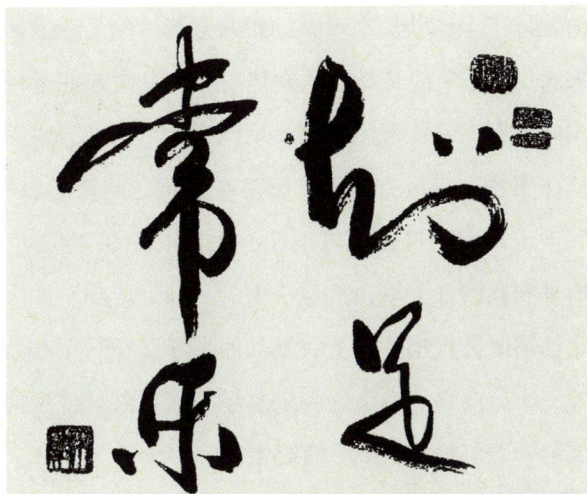

上图：宋总的书法作品

右图：宋总为作者手书《马到成功》

他收集了全部获奥斯卡奖的影片录像；他是地道的球迷，谈论起足球来头头是道；他又是音乐发烧友。有一次在亚运村五洲大酒店室内庭园的山石上，曾看到宋总灵动飘逸的草书"云水"二字，我才知道宋总在书法上也极有造诣，于是在无意之间谈起想敬求他赐一幅墨宝，后来也未曾把这件事再记挂心上，谁知在2002年春节前后，宋总特地来到我的办公室，把他手书的"马到成功"四字交到我手。见到前辈的馈赠和祝福，加上我姓马而那年又是马年本命年，自然是喜出望外，十分高兴，真没想到宋总还一直想着这件事情。可谁想到，这竟成了宋总留给我的最后的纪念。

当今的时代和宋总那时相比已有了极大的进步，建筑科学也有了巨大的变化和发展，但如何利用这样好的条件，为时代做出更大的贡献，就要有正确的价值观和人文选择。本书所反映的宋总的精神世界以及由此所表现出的人的自省、批判和超越，正是我们一笔宝贵的财富。

2004 年 8 月 25 日

（本文为《建筑师宋融》一书的序，中国城市出版社 2004 年出版）

回忆程懋堃大师

　　全国工程设计大师、北京市建筑设计研究院有限公司顾问总工程师程懋堃先生于 2017 年 6 月 20 日病逝于美国，享年 87 岁。建院于 7 月 9 日召开了程总的追思会，回忆了他 60 多年来的工作业绩，突出了他创新思维的设计思想，怀念他对后辈的提携、支持和帮助，总结了他对推动行业进步所做的努力。追思会是缅怀，更是感恩和传承，我虽然和程总专业不同，但同样受到深刻的教育和启发，程总的精神永存。

　　程总祖籍上海市，1930 年生于南京，1946—1950 年在上海交通大学土木工程系学习，毕业后先后在上海基泰工程司和北京兴业公司设计部工作。1954 年他随兴业公司一起并入北京市建筑设计研究院，加入第五设计室，为七级工程师。1957 年曾因姐姐的事受牵连被错划为"右派"，"文革"中也受到冲击，多次下放劳动。1979 年"右派"问题得到改正。1971 年到第一设计室，后任设计组长，1986—1998 年任北京市建筑设计研究院副总工程师，1998 年后返聘为院顾问总工程师，2004 年被评为第四批全国设计大师。程总曾参与和负责北京新侨饭店、王府井百货大楼、建外外交公寓、西苑饭店、新世纪饭店等

程懋堃设计大师

工程，指导院内亚运会、奥运会工程，北京西客站、首都国际机场新航站楼等许多大型重点工程，主编、参编和审定了多项行业规范、标准、技术规程，在行业内具有很高的声望和影响力。

程总在2015年出版了他的文稿集《创新思维结构设计》，收集了程总历年发表的重要文章、讲稿，集中体现了这位设计大师所坚持的设计哲学和设计思想，并通过许多具体的案例加以体现。我在拜读之后，深感这是程总留给我们的宝贵财富，不仅仅是针对结构专业和结构设计，其哲学思想和方法论对于我们建筑师甚至整个设计行业，都具有深刻的启发性。程总的挚友、建院的顾问总工程师杨伟成对他有一个精准的评价："他的知识比教授们高，因为他的实践经验较多，参加国内外学术会议多，再加上外文水平高。"更为难能可贵的是程总的创新思维中的批判性。要创新解决问题首先就要创新地思考问题，而正确地分析问题正是必要条件，批判思维是创新思维的基础。联合国教科文组织在1998年就提出"教育方式革新在于'批判思维和创新'"，当代美国批判思维运动的领军人物保罗和艾尔德认为，批判思考者必须具备三种思维品质：怀疑精神、积极态度和开放思维。程总的这一著作中就渗透着这些思维品质。表面上看批判和创新二者本质上并不相同，但它们互为因果、相辅相成，并在二者组合的基础上寻求突破和发展。

　　工程是将知识和技术转化为现实生产力过程中的关键环节，是创新活动的主要战场。而工程设计又是将知识、信息和技术加以优化、选择、集成而转化为一个全新的整体解决方案的思维过程和实践活动，在正确并符合客观规律的设计概念指导下实现设计的全过程是设计工作最重要和最困难的核心环节。加上工程设计的问题求解具有非唯一性，同一问题可以通过不同的方式加以解决，不存在唯一的客观判断对错的标准和程序。设计是成功、平庸、拙劣还是错误都取决于对最佳方案的分析和选择。所以程总十分强调"设计中不能墨守成规，以前别的工程中没有见过的，书本中没有记载的，只要符合力学原理，都可以大胆去做"，这一观念也是师从他的老师、我国第一代建筑结构工程设计大师杨宽麟先生时体会最深的一点："学到了先生在设计工作上的宝贵经验与大胆创新，不墨守成规等卓越见解，使我在以后的工作中终身受益。"所以业内称程总为"程大胆"，但这不是盲目的大胆，而是艺高才能胆大，是通过理性地反思，考虑各种可能的方案，敢于尝试和接受新思想或非主流观点，并通过精确、科学的实践，甚至要冒一定程度的风险，从而推动设计的创新。

　　程总的批判性创新思维具体表现在对结构设计规范的态度上。程总的文集中相当一部分内容都围绕着如何看待和运用设计规范，如何有条件地突破规范。设计是一项必须遵循和依照有关的"设计规范"进行的工作，一方面不能轻率地把设计规范置于脑后而不顾，但在必要时又要以严肃的态度，依照更严肃的标准突破规范的约束，实现工作的创新。程总说："对于规范，要尊重，但不能迷信。规范条文是过去工程实践与科学试验等成果的总结，不代表将来发展的方向。有人以为，没有规范条文就不能设计，这是错误的。况且有一些规范条文是各种意见的折中结果；有个别的规范条文，设计中无法实施，甚至是有错误的。"在2012年时，程总专门写了一篇《如何正确理解和应用规范条文》的论文，指出："设计人员对于规范条文的正确理解和应用是非常重要的。如果错误地理解和应用了规范条文，轻则导致设计浪费，重则导致安全问题。"所以他在文中提出了一些重要原则："对规范条文的理解要透彻，需理解其真实目的。""规范条文的使用都有一定的范围，不是任何情况下都可采用。""个别规范条文，甚至是强制性条文，可能无法执行。""个别规范条文，出现概念错误，应予以修正。""有些规范条文的修改，使材料消耗大量增加，造成浪费。""有些规范条文引用外国规范，却未吃透其意义。"因此根据新的时代背景、新的需求、新的知识和新的技术发展，程总十分强调"有条件地允许突破规范"。

然而在突破规范的问题上，程总又是十分地认真、严肃、缜密和开放的。他常说："我们应当按规范设计、画图，但在这个过程中要想一想，这么做对不对，有没有别的方法，要提出怀疑、追求真理，这样才有进步。"因为大多数的工程创新并不属于原创性的原始创新，而是属于改创性的改造创新，是通过技术和知识的渐进性积累，逐步改进，综合集成完善来实现的。在工程设计中，这种积累式的效应同样可以产生巨大的社会效益和经济效益。所以程总常说："在建筑结构设计领域，节约潜力是很大的。""结构做到恰到好处就可以，过多的保守只能增加大自然的负担。"他算过一笔账，我国每年大约建成20亿平方米的建筑物，是世界之最，如果每平方米能节约10千克钢材、0.03 立方米混凝土，一年下来就能节约 2000 万吨钢材和 1800 万吨水泥，而这并不难做到。又如建筑物的基础，尤其超高层或高层建筑的基础，工期长、造价高，很容易判断过于保守而造成浪费，所以程总主张结构计算和经验评判相结合。在此基础上，程总和北京勘察院的专家在 1992 年就编制了《北京地区建筑地基基础勘察设计规范》，这是全国唯一一本和国标不完全一致的地方规范，此后又在 2009 年修订出版，仍和全国规范有不一致之处。程总还说："1989 年制定的规范中有些是不合理的，我就联系外省市七个设计院的结构专家来北京开会，我们八个院联合提出修改意见送到主管部门。我们被称为'八国联军'进北京，我是'八国联军'的司令。"当然程总所有提出的意见都是有理有据，其内容有理论有实践、有设计有施工、有国内有国外，只有充分掌握了建筑结构设计的内在规律，才能真正从必然王国走向自由王国。

程总的这些胆识既源于他的直觉和洞察力，还源于设计生涯众多因素的叠加。重要的因素应归结于名师的指点。程总向青年建议，"刚参加工作的青年，第一个指导的老工程师很重要"，那就是他自己的切身体会。杨宽麟先生是国内知名的结构设计权威，在半个世纪的工程实践中积累了丰富的理论和实践经验。程总说："杨总让我受益最深的，是明确了两个道理：一是基本上没有不可能的，二是不能迷信书、迷信规范。""杨总常说，最节省材料的坚固设计，才是最好的设计。"另外杨宽麟先生十分重视施工现场的处置，张铸总就曾评价："杨先生深入现场，实地查看，不断在薄弱环节，予以加铁、加固，以保安全，责任心极强。"所以程总也告诫我们："要尽可能多去施工现场看看，看自己的图纸是如何在施工现场实施的……要多倾听他们的合理改进意见。但对于图施工方便快速而影响结构整体性能的建议，要慎重对待，不能轻易接受。"此外程总还特别强调："要熟悉构造做法……构造是连接设计计算与施工图之间的一个重要手段，必须搞清楚……不但要知其然，还要知其所以然。"我就记得程总多次和我谈过杨宽麟先生在王府井百货大楼工程采用 7.5 米 ×7.5 米的柱网，顶层的柱截面只有 300 毫米 ×300 毫米，而且有的柱子里还要埋中空的雨水管，但经过 50 多年，甚至是唐山地震的考验，没有发现问题。此外，程总的成功因素还在于勤奋地学习和钻研，他在《年轻人要注重学习》一文中提道："主要还是靠自己努力学习。我的老师胡庆昌总工，九十多岁还在看资料、学习，有时看到好的文章，还复印给我。89 岁时还出了技术专著，有时和他比比，自己觉得很惭愧。"其实程总十分注意国内外的最新动态，尤其是欧美的最新动态，了解国外的最新规范、最新修改，以及在地震后及事故后的信息反馈。他是美国混凝土学会、国际桥梁与结构工程学会、国际高层建筑学会、英国结构工程学会的资深会员，缴纳年费后都给他寄来杂志和资料，所以才能厚积薄发，旁征博引，知己知彼。这点我有亲身体会，因为有好多次他的外文杂志都送到我的房间来了。后来我分析，因为他的英文名字是'Maokun Cheng'，别人一看前面两个英文单词就简单以为是我的，我在给程总送还杂志的过程中也学到了不少新信息。杨伟成总也说："（杨宽麟）传承给他的一个理念：敢于挑战传统、敢于创新，在他身上得到了很好的发扬，而且由于他的用功，就更科学、更先进了。"

　　我和程总是多年的建院同事，所以交往也很多。我们相差 12 岁，虽然辈分和专业都不同，但彼此还较熟稔。因为我毕业后先参加"四清"工作一年，回院后即到第五设计室综三组上班，那时的综合组是小组内各专业齐备，组长是吴德卿（建筑）和萧正辉（设备），程总也在这个组里，属于"摘帽右派"。由于赶上"文化大革命"，所以到 1968 年 7 月我才分到来院后的第一个设计任务，是总面积不到 90 平方米的建国门外人民日报宿舍区的自行车棚和厕所。工程虽小，专业齐全：结构是程总，设备是盛秉礼，电气是任英魁。整个工程就由我出了两小张图，其他专业就都画在我的图纸上了，对我来说是到建院后的第一个工程，对其他专业来说则是小菜一碟了。当时程总在我的图纸上画了大约 6 厘米 ×10 厘米的一张小图，标出了混凝土梁的型号和木檩的断面，基础就由我画在外墙大样上了，这就是我和程总在工程上唯一的一次合作。同年 8 月建院宣布军管，9 月成立革命委员会，从 10 月开始"对敌斗争"，也开始了程总受冲击的历程。10 月 29 日，全院大会批斗过去的三位院领导，在会上另外揪出四人并隔离审查，其中就包括程总，会后连部就让群众（也包括我）去和平门外程总家"搜查罪证"。此后程总多次在全连范围内受批斗，1969 年元旦期间解除隔离，经 2 月的几次检查最后在 4 月落实政策，定为"人民内部矛盾"。"右派"问题到 1979 年才正式改正，对程总来说，已经失去了年富力强、发挥潜力的宝贵时光。

　　但去程总家"搜查"却成了我的一块心病。那天去了好几个人，最后也没查出什么东西，但却闯了个祸：当时家里有一个五斗橱，我们一格格地查，到最后一格时，只觉得特别重，我用力一拉，抽屉就

1968 年程总与作者合作的施工图局部

摔在了地上，不想里面放的都是瓷碗碟等餐具，摔碎了好几个。虽然按当时"革命不是请客吃饭"的思想这几个碗碟算不了什么大事，是"革命行动"，但我总觉得十分愧疚抱歉。在程总落实政策后，一直想找个机会表示一下歉意，这事情拖了好多年。直到有一次在食堂吃饭，我们正好坐在对面，我鼓足勇气对程总说："'文革'中上您家里时，曾把餐具摔碎了几件……"程总一笑，说："咳，那都是多少年前的事了……"程总的宽容大度、不计前嫌让我十分感动。后来又有一次遇到他时我又提到此事，程总则用幽默的口吻开玩笑说："我那可都是文物，是无价之宝。"不管怎样，程总的宽容让我对他更加尊敬了。

程总的办公室在 A 座二楼，我在五楼，所以联系起来还比较方便，经常在他办公室看到来向他请教的年轻人。一次去他办公室，他谈起最近一些影片或电视剧反映民国时代的情况，有许多细节根本不符合历史真实，像汽车、钱币、衣着、器物等。后来他还真把这些问题写成一篇短文《民国旧闻》。由此知道程总的爱好十分广泛，我们经常交换彼此买的闲书，互通有无，当然比较下来还是我借给他的更多些。程总对民国人物还是很感兴趣的，正好我在 2009 年买了几册中国大百科全书出版社的回忆录丛书，其中一册是《高宗武回忆录》，现在人们可能都不知道高是何等人物。高宗武早年留学日本，抗战前期进入外交领域，29 岁时就任外交部亚洲司司长，负责国民政府的对日外交工作，后来又成为汪精卫对日媾和的骨干人物，参与了《汪日密约》的谈判，但他也偷偷把密约拍了照片，于 1940 年年初和陶希圣一起逃离上海抵达香港，并于 1 月 22 日在香港把密约在《大公报》

揭露出来，成为抗战初期震惊中外的"高陶事件"，揭露了日本军阀的野心，加强了全民抗战到底的决心。更为戏剧性的是高随后隐居美国，于1944年用英文完成了回忆录，但手稿一直存放在美国斯坦福大学胡佛研究院，到2005年才被发现，并由旅美的陶希圣的儿子译为中文，2009年才授权国内出版。看完这本回忆录后程总又借看了陶希圣的回忆录《潮流与点滴》，但这本回忆录写于1964年，在回忆《汪日密约》时就不如高在1944年的回忆更准确了。此后他还看过《陈布雷回忆录》《谁识忧虞累此身——胡汉民回忆录》等，程总对近现代历史人物的兴趣一直不减。

程总的涉猎和爱好十分广泛。后来我们在聊天时又得知他对京剧也极感兴趣，当时我向他推荐北京出版社出版的《京剧谈往录》（全四册），程总说他已经买了。后来我就找了一些他没有看过的有关京剧的书籍，如台湾著名节目主持人和评论家丁秉鐩在1976—1979年写的《菊坛旧闻录》，由"国剧名伶逸事""孟小冬与言高谭马""青衣花脸小丑"三部分组成。作者是戏迷，所以亲身感受十分珍贵，尤其谈及孟小冬与梅兰芳的关系，过去大陆很少提及，此书大陆在1995年出版。后来又找了《孟小冬：氍毹上的尘梦》，是由万里的儿子万伯翱和原故宫博物院院长马衡的孙子马思猛合写的。二人都没看过孟小冬的戏，全凭二手资料综合而成，本书成书于2009年，书中的当事人均已去世，所以写来也比较自由。还有一本引起很大争论的书《粉墨人生妆泪近——母亲言慧珠与"好爸"俞振飞》是言的亲生子言清卿所著，因为涉及对俞振飞截然相反的评价问题，引起双方后来的激烈交锋。至于《凡人品戏——梨园花瓣集》，作者石呈祥，是河北大学管理学院的副教授，热心于京剧的研究和宣传普及，又是超级戏迷，退休以后成书，极有学术性和趣味性。我最近偶尔翻阅梅兰芳先生秘书许姬传老先生在 1987 年 87 岁时出版的《许姬传艺坛漫录》（中华书局出版时只印了 1500 册，还是竖排本，我是在上海出差时在南京东路买的），不想在书里发现一张程总的名片，后来想可能是借给程总看时他当作书签夹在里面的。睹物思人，让人分外伤感，但也可以看出程总文史兼修的兴趣。

和程总还有一次难忘的合作。杨伟成总为其父杨宽麟先生诞辰 120 周年（2011 年）及圣约翰大学校友会的庆典（杨宽麟先生曾是圣约翰大学工学院院长）筹备出版《中国第一代建筑结构工程设计大师：杨宽麟》一书，由于各种原因前期工作拖了一些时间，后在院内外各方的大力支持下，后期进展比较顺利。程总作为杨宽麟先生的亲传弟子，参与编辑工作责无旁贷，也撰写了回忆文章和序言。我作为杨伟成总的后辈，也客串做些事务性工作，如文字核校、封面设计及提供插图等。2011 年 6 月 20 日，程总和我以及该书的编辑等一起去朝外杨伟成总家，对书稿尤其是书中的插图部分逐页进行审定，以最后定稿付印。那时天气已较热了，屋里开着电扇，杨伟成总和程总都是 80 多岁的老人了，但大家仍是认真细致地审阅每张照片和插图，最后保证了该书的如期出版，也填补了国内和建院对早期结构大师记述的空白。在回院时我和程总一起乘车，并先送他回家，目送程总的身影远去。

近年来我陆续有一些著作出版，许多都向程总奉上一份求教。尤其是 2012 年我编印了《建筑学人剪影》一书，其中收录了我历年所

上图：1996年设计大师程懋堃在方案讨论会上

下图：2001年程总与夫人胡锦媛

拍摄的 227 位建筑界学人的肖像。除建筑专业以外，也包括城市规划、结构设计等专业的学人，其中结构专家有八位，这里就包括我在 1996 年为程总拍摄的他在院内讨论北京西客站工程时的照片。虽然照片质量不尽理想，但仍可以看出程总在 20 年前的风采。最近整理老照片，又发现一张在 2001 年为程总和夫人胡锦媛拍的一张合影，也成为珍贵的记录了。程总已远行，但他的学养技艺，他的文史兼擅，他的聪明睿智，他的风趣幽默，他的豁达乐观，他的直率尖刻，他的灵活变通……他的种种仍时时呈现在我的眼前，让人难以忘怀。我更为建院和建筑结构界失去这样一位虽年事已高但仍充满创新探索活力的前辈而倍感痛惜。

2017 年 8 月 15 日夜完稿

贺观张老八十寿

今年 3 月 19 日是著名资深建筑师吴观张先生的八十大寿。作为他的学弟和共事多年的同事，谨以这篇短文为他贺寿。

建筑业内人士对吴观张是十分熟悉的。他已为这个行业工作了近 60 年，在许多方面均有建树。但若不从事这一行，可能对这些就不那么了解了。所以先摘录一段他的简历：吴观张，教授级高级建筑师，国家特许一级注册建筑师。1952 年苏州高级工业技术学校土木科毕业后留校任教。1953 年调入江苏省教育厅从事设计工作。1956—1962 年在清华大学建筑系学习，毕业后被分配至北京市建筑设计研究院。1980—1984 年任院长，1984—1994 年任院副总建筑师，1994 年退休后回聘，任院顾问总建筑师，2005 年后受聘为北京筑都方圆设计公司和五合国际集团任顾问总建筑师至今。

之所以要写这样一篇文字也还源于老吴的一句玩笑话。此前我曾陆续在一些杂志上发表过一些回忆已逝去的建筑界人士的文章。有一天老吴遇到我就半开玩笑地说："如果你要写我那就趁我还在时快写，免得我以后看不到。"其实我写那些文字的出发点都在于那些人在世时都曾经为国家、为行业做过许多贡献，人们不应该忘记他们，他们理应为人们所纪念。可是在当前一味追求物欲的大环境下，那种"人走茶凉"让人觉得很不是滋味，所以不得不一吐为快！像2011年是建筑设计大师张镈先生的百年诞辰，他在世时为首都留下了像人民大会堂、民族文化宫、友谊宾馆等经典作品，按说有关方面应有所表示，可最后就

2010 年吴观张学长

那样无声无息地过去了。只有他的家乡山东无棣县政协委托中国文化出版社出版了他 40 万字的回忆录《回到故乡》，并邀我题写了书名。我除了曾写过一篇《长留念记在人间》的回忆文章外，也就只能做这点小事了。

话扯得远了，还是回来说老吴。在清华上学时他比我高三班，他所在的建二班是全校闻名的多才多艺的班级，也是我们班学习的对象和赶超的标尺，所以我认识他们班许多人。那时对于老吴是仅有耳闻而没交谈过，因为他的名字很容易让人联想起三国时的"刘关张"。可能因为他是调干生，又是党员，在年龄和经历上与我们都有距离，所以觉得他不会搭理我们这些乳臭未干的毛头小伙子。可是没想到，毕业分配以后，我们成了同一单位的同事，又共事长达 40 年之久。

我于 1965 年被分配到北京市建筑设计研究院。正式到建院上班是在 1966 年 8 月 24 日，那时"文革"已经轰轰烈烈地展开了。我们是在参加一年"四清"，甚至还赶上一小段新工作队以后才回院的。其

时院里的运动也因什么工作组的"排队名单"而十分热闹。听室里同事讲，当时第一个被批斗的是党委宣传部部长浦克刚，而站在边上陪斗的就是宣传部的干事吴观张（当时已经准备提拔他为党委办公室主任）。后来两派群众组织"打派仗"时，我和老吴是分属两个组织的，因为他们那一派中老工人比较多，所以我们这面就说老吴是他们的"黑高参"。我想这一方面是因为当时党群关系不那么融洽，知识分子常对党委干部们有些看法，另外可能也和老吴性格比较孤傲、说话比较尖刻有关，给人留下了不爱理人、难以接近的印象。

和老吴真正近距离接触合作还是在"文革"后期。老吴说 1969年军宣队找他谈话，认为他的家庭出身和社会关系更适于搞技术工作，于是他就到了新组建的第三设计室，正好和我在一个室，但不是在一个综合组。一起共事后，我对老吴有了与"打派仗"时完全不同的印象。一是他对于技术的钻研和学习。当时他设计了北京的好几个大冷库。按说这种类型的建筑是当时商业部设计院的专长，一般民用设计院很少涉及，除了工艺要求和内容比较复杂外，无梁楼盖的荷载很大，对结构要求很高，另外对建筑保温、隔热、防鼠、冷桥处理等细部也要求极高。当时建院擅长此类设计的只有顾铭春一人，但老吴很快就掌握了要领，积累了经验，成了这一类设计的专家。我想这可能和他早年搞过设计工作，轻车熟路又善于钻研有关。这让人改变了他只是一个政工干部的印象。另一个较深的印象就是他和设计室各专业的知识分子相处十分融洽，经常在一起开玩笑，大家也亲切地叫他"吴老二"。不知是他吸取"文革"教训，有意识地改变了自己，把孤傲的一面收敛起来了，还是把他不为大家所了解的一面显露出来了，总之他好像变了一个人，虽然说话仍然尖刻，但和群众的关系却好了。

和老吴的第一次密切合作就是1971年的建外工程。那时中国的外交出现一系列的突破，恢复了联合国的合法席位，与我国建交的国家越来越多。这样一来，北京的外事用房明显不足，为此决定在建外兴建新的外交公寓、国际俱乐部和友谊商店。当时三室承担了这一任务，由老吴任这三个项目的工程主持人，我担任了国际俱乐部项目的建筑负责人。现在看来这个项目只有1.4万平方米左右，算不得什么大工程，因"文革"期间很少有民用项目上马，所以在当时还是很引人瞩目的。老吴除了协调三个子项的总体工作外，还在俱乐部工程中亲自绘制了许多施工图纸。当时是宋士芬负责一段网球馆，刘永梁负责二段台球、棋牌、理发美容，我负责三段餐厅、宴会、多功能厅，老吴负责四段电影厅。那时张镈、张开济二位老总也刚刚出来工作，在方案阶段曾以顾问身份参与过，但主要还是由年轻同志来完成。我是第一次承担这样高标准的民用建筑，心里没底，所以很是紧张。但老吴十分信任地放手，使我在实践中有了锻炼的机会。我们除了在现场向施工单位的翻样师傅李大毛等人请教学习外，在设计上也一起想了许多办法，好使设计有所前进、有所创新。这里有立面上的处理，用马赛克和水刷石的搭配表现传统的插枋形式；在内部装修上采用简洁明快的处理，不用过多的线脚；与工艺美术家合作创作了一批国画、漆画、镶嵌、玻璃画等形式；自行设计制造了一批新型灯具……总之还是动了不少脑筋。我也就是在这个"三边工程"的实践中，从不懂到粗知，学会了好多东西，也增长了后来主持工程的自信。俱乐部完工

上图：建外国际俱乐部

下图：建外友谊商店

以后我就独立主持了东交民巷 15 号宾馆为西哈努克亲王所用的游泳馆和多功能馆（可用于打羽毛球、看电影、开招待会等），在工程将竣工时，因院里派我去农村做知识青年的带队并劳动锻炼一年，又是老吴帮我把这一工程圆满收尾，并得到邓颖超同志的表扬。

与老吴的再次合作就是 1976 年的毛主席纪念堂工程了。那时老吴已经是第一设计室的副主任，我是第六设计室的副主任。因为建院将承担纪念堂工程的主要施工图任务，所以院里很早就抽调了四位副主任和一些得力人马，组成了纪念堂设计组。9 月 14 日全国抽调的专家在前门饭店集中解决方案问题时，徐荫培、方伯义和老吴就在那里参加工作。在几轮方案优选集中并经中央批准以后，我们的设计组又长期战斗在工程现场，当时除徐荫培任主持人外，其他方面是这样分工的：徐荫培负责与外部各单位，包括地上、地下的总协调工作；老吴负责外立面设计；方伯义负责室内几个大厅包括瞻仰厅的装修；我则在完成纪念堂基本土建图纸后，负责与现场各施工单位的沟通。老吴他们在外立面琉璃的设计与加工、装饰纹样的确定、红色台基花岗石的选择、廊柱花岗石的选择与加工等方面费了很多心血。多少日日夜夜的共同战斗保证了纪念堂在 1977 年 5 月竣工并于毛主席逝世一周年纪念日时对外开放。

老吴在建院最风光的事我想应该是 1980 年经民选当了院长。那年市城建工委不知怎么想起要在建院民主推选院长，可能上面原想也就是走走过场的事，并早已提出了院长的人选。可不想下面却把这事当了真，又推出了老吴作为另一名院长候选人，结果最后老吴当选，这也是建院历史上唯一的一次民选院长。这说明老吴的为人、能力、敢坚持原则、敢为职工讲话等个人魅力得到了全院职工的认可，为大家所信任。老吴当政期间正好我有两年去日本进修学习（这个机会可能也是他那一任做的决定），所以详情不太了解，只从有关材料上看到他就任后加强、健全了技术管理体系：所有的项目分院、室、组三级进行责任制管理；为保证技术力量的后继有人，与六所知名院校签订代培 120 名毕业生的协议，并支出培养费 150 万元，还为建院引进了一些人才；和清华大学建筑系合办《世界建筑》，从财力和人力上支持了这本杂志；在上级单位的支持下，为员工解决住房问题。在他任内先后为 528 户职工解决了住房问题，解除了广大职工的后顾之忧。因为建院的住房欠账太多，分房要论资排辈计分排队，那时上大学的几年不计分，清华的六年学制就很不合算，所以我并未赶上这几轮分房。但我仍要感谢老吴，因为如果不是这些老职工先分到房，我在后面是无论如何也轮不到的（我是 1987 年才从筒子楼里搬出来的）。他在任时的作为我也说不全，但有一条，他没利用这个职位在荣誉、待遇、获奖等方面为自己谋过私利，这是极不简单、很值得称道的。可这样的院长也只干了一任，1984 年他就离任了，个中缘由并不清楚，只是传说因为他是"民选"院长，所以在平时对上级领导常有顶撞之处，不那么听话，因此并不被领导喜欢。

从院长岗位下来以后，老吴就转向了副总建筑师的技术领导岗位。早在一室当领导时他就组织了室里对体育建筑的研究，在工程实践的基础上由张德沛、李哲之、刘振秀、韩秀春等同志编写了《体育建筑设计》一书，由秦济民和老吴二位室领导最后审定，并于 1981年由中国建筑工业出版社正式出版。这不但是当时国内第一本系统全面地介绍体育建筑设计的工具书，对指导全国的体育建筑设计起了重要作用，也是中国建筑工业出版社各种类型的建筑设计指南中的第一册。在为召开亚运会而建设的场馆中，老吴又是我负责的奥林匹克体育中心工程的顾问，尤其在方案阶段倾注了大量心血，为自由活泼的总体布局的确定提出了许多很好的建议。另外在旅馆和住宅设计上，老吴也有许多建树，有许多研究成果和论文发表。位于天安门广场东侧的首都宾馆也是老吴主持完成的，除了满足接待国宾的众多功能要求之外，在运用现代材料表现传统形式上也做了大胆的探索。后来因为我常年在工程现场，所以和老吴的交往就较少了。

老吴对于年轻建筑师的成长也是不遗余力地提携和帮助。早在一室时，他就亲自主持方案创作小组，其中的成员当下都成为院内院外行业的技术骨干，都是独当一面的人物。后来老吴又和王昌宁顾问总建筑师一起组成了建筑创作组，每年从进到建院的年轻人中挑选一些苗子，通过方案实践提高他们的设计能力，在创作组的 11 年中也培养了大量人才。从我个人的成长过程中也有亲身体会：在建院这样竞争十分激烈的大环境中，如果没有老吴的大胆使用，如果没有他的支持和帮助，如果不是他给创造了一些好的条件和机会，如果没有他在各方面的关心，我不会那样顺利地熟悉业务，逐渐掌控全局，经手一些大的重点项目。想起这些，真是十分感激。老吴在生活细节上也很关心我们。1971 年我的孩子出生不久，他就到筒子楼来看望。由于孩子的脸比较圆，老吴就开玩笑说："脸的长度不够。"当时老岳母听了很不高兴。等孩子长大以后因下颌关节发育不好，脸越长越长，于是我们又埋怨都是老吴那句话给说的。我到日本去学习时，我爱人一

2013年吴观张学长

人带着孩子，生活上有很多不便，老吴也曾多次询问她要不要调到建院来。

在这篇文章的题目中，我是第一次称呼老吴为"观张老"。按说80岁已是耄耋之年，叫"老"应该没有什么问题，但实际上老吴仍是精神矍铄、红光满面，跟大家谈笑风生。有一段时间他的腰不好，走路一瘸一拐，还坚持上班，有人还开玩笑叫他"瘸总"，但后来动了手术，十分成功，老吴又焕发了青春活力。虽然对老人祝寿习俗是"过九不过十"，但在他八十华诞时，仍祝福我的老领导、老学长、老朋友青春永驻，健康长寿，全家幸福。

2013年2月15日（春节假日）

（本文原载于《中国建筑文化遗产9》，

天津大学出版社2013年3月出版）

绘景留情读画记

——记刘益蓉学长

　　资深建筑师刘益蓉女士在古稀之年后出版了她的铅笔画和钢笔画的画集，这是一位老人坚持老有所为、老有所乐的重要成果，让人钦佩。记得益蓉女士不止一次说过："我画画比较随意，不太在意画得好不好，而是注重画画过程的享受和乐趣，也希望自己的画能给别人带来快乐。"我想随着画册的问世，她已经把自己享受乐趣的过程进一步扩展延伸到了广大读者之中，在读者阅读的过程中将跟随着她的目光和足迹，从画面中欣赏和分享其中的乐趣。

　　益蓉女士是清华大学建筑系比我高四级的学长，她从建一班毕业后继续在校读研究生（要知道那时能留校读研究生的人数是极其有限的），最后在 1965 年和我们这批本科生一起毕业。我在学校的六年中由于人很内向，少与人交往，所以对于高四级的高班同学根本就没打过交道，更不要说益蓉学长了。不想在工作以后的 40 多年中，由于各种机缘，他们班近百人中，我先后认识的竟有近 30 人，尤其是在北京市同一系统、同一单位共事过的学长粗算下来就有 15 人，刘益蓉、刘永梁夫妻二人就是其中两位。

　　永梁学长在 1961 年毕业后就被分配到了北京市建筑设计研究院，

我到建院时他已经是院里的"名人"了。由于他才思敏捷、知识广博、口才极好，加上手上功夫也十分了得，所以人称"大口袋"，我想是指脑袋里装的东西特别多吧。在建外国际俱乐部和毛主席纪念堂两个工程中，我和他都有长时间的合作。至于益蓉

刘益蓉在埃及

学长在研究生毕业后好像被分配到了建工部北京工业设计院（即现在的中国建筑设计院），后几经辗转，最后才调入建院住宅所。我们没有直接共事过，但在毛主席纪念堂工程发动全院各室提出方案时，我曾去她那儿看过她画的表现图。后来在亚运会工程建设时，北郊工程除奥林匹克体育中心和亚运村两大片外，还有安慧南里和安苑北里两片配套工程，安苑北里 16.3 公顷和 13 万平方米的规划就是由益蓉学长主持的，那在北京地区甚至在全国都是最早的建筑节能示范工程。为工程的协调我们也常在亚运工程指挥部一起开会。20 世纪 80 年代末，在改革开放的大潮中，他们夫妻"下海"组建了海南寰岛建筑事务所即后来的炎黄建筑事务所，事业也十分红火。

有意思的是他们离开建院后我和益蓉学长的联系倒渐渐多了起来。她来院时偶尔到我办公室小叙，交流一些近况和看法。她十分热衷于建立同班校友的联系，在编写他们班纪念毕业 50 周年的纪念册时出任主编，使我们这些学弟从纪念册丰富的内容中知道了许多他们班的消息。同时她也十分注重口述历史的写作和相关历史的总结，

2005 年时曾赠我他们兄妹几人合写的回忆生平遭遇的实录《私人历史：富家姐妹风雨 50 年》和《昨夜风》两书，读完后我也曾以四句七言作为回赠："十宅千间富京东，半世悲欢昨夜风。回首历历数往事，辛楚尽在不言中"。

另外我的一些小书也都送呈学长夫妇，请他们指教。所以虽不常见，但彼此间情况还是沟通了解的。也正是因为这个缘由我才知道了她出画集的计划，先看到了清样，并应学长之邀写点什么。

美术是建筑系学习的一门重要课程，是建筑师的基本功，也是锻炼眼力和手下表达的必修课。在当时作为纯工科大学的清华里有这样一批背着画夹子写生的学生显得十分另类。我们低班的同学也正是通过系馆走廊里展出的设计课和美术课的示范作业，对高班的学生有所认识和了解，一些佼佼者甚至成为学弟学妹们崇拜的偶像。我那时学习水彩画的范本是英国水彩画，是关广志、张充仁、李剑晨等大师的作品，学习铅笔画和钢笔画的范本是考茨基和雅各布的。而身边的建一班，除魏大中、刘永梁以外，对张易生、高冀生、曹森尧、管鸣宇、黄建才等学长都有较深的印象。对他们班女同学的美术造诣，一开始不太了解，多以为女同志容易不自信，所以不常出手，但通过后来的了解才知道，除了益蓉学长外，羊嵱、李宛华、郑学茜等学长都术有专擅，十分令人敬佩。

从学美术到出画集，这当中还有很长的路，这次益蓉学长的画集中收入了从 1952 年至 2011 年她的铅笔画和钢笔画，将近 60 年的日积月累，看得出她从未放下手中的画笔，一直在不断钻研、琢磨、实践，也就是"拳不离手，曲不离口"。尤其是 20 世纪 90 年代以后，

上图：马德里教堂

下图：爱丁堡街景

上图：印度小镇

下图：塞维利亚斗牛场

在时间、财力、精力都有较好条件的前提下，她创作的激情更加旺盛，无论是欧洲各国还是印度、柬埔寨乃至北京、丽江等城市，在考察和旅行中，以职业建筑师的眼光和视角，留下了宝贵的记录和视觉笔记。建筑师的建筑画与职业画家的建筑画相比，会更多地表现出自己所从事的设计专业的特点，更注重于建筑物、城市、环境等从整体到细部的表现，在风格上除去写意的表现外，更加注意造型的准确、比例的精当、尺度的适宜、细部的纤巧……益蓉学长的画作，表现了超越性别的一种洒脱和豪放，技巧上成熟，风格上丰富，从艺术鉴赏的角度来说真是一次学习和享受。

另外，在古今中外的文化遗产和建筑名作面前，她也投入了自己更多的感情。虽然她也自谦地说"不太在意画得好不好"，实际每幅画作都表现了她对描述对象的了解和热爱。比如对她成长、工作过的北京城的一草一木，对熟悉的街道和胡同，都倾注了特殊的关爱。同时也可以从中看出女性建筑师特有的细腻、周到，如对很多建筑和城市细部的刻画。这需要有能够沉下心来的定力，尤其在当下十分浮躁的时风中，这种心境更属不易。因此对画作的阅读，除了享受和欣赏之外，还可以联想和体会到更多的东西——她的执着和勤奋，她的锲而不舍，她的趣味和追求。对我们这些常以手懒或没有时间为由而荒废了手中的笔的建筑师来说，更是很好的鞭策。学长命我为本书写个序，我想不如说是写点学习体会更为确切。

2012年2月15日午夜

宽沟廿年巧运筹

——记肖启益学长

年逾古稀的资深老建筑师肖启益先生准备出版他的建筑设计感悟作《无为集》，我因有先睹之便，故利用这次机会先谈谈我的感受和领悟。

启益先生是我的学长。他于 1963 年毕业于清华大学建筑系，国家一级注册建筑师、教授级高级建筑师。我们是在北京市建筑设计研究院共事 30 多年的老同事，虽然不在同一个设计室，也没有合作过，但是他还是给我留下了深刻的印象：这是一个有理想、有追求、有思想的活跃建筑师。在《建筑学报》《建筑创作》等学术刊物上经常可以看到他的论述文字；他是美术家协会会员，专集出版过《肖启益速写选》；他的许多设计作品都有个性、有特色，像文津街北京图书馆东馆（1982 年）、北京画院（1985 年）、大栅栏大观楼影院（1987 年）、地安门河北省驻京办事处（1987 年）、王府井华龙街食品街（1988 年）、中国医科院药用植物研究所实验楼（1993 年）等许多工程，都可以看出他的思考与匠心。这些工程虽然规模不算很大，其中许多采用了传统建筑形式，或在传统建筑形式基础上又有所创新，而建筑所处地段又常是敏感度、关注度极高的地方，如在古建或名胜的密集区（如故宫、北海）、传统商业街区（如前门大栅栏、王府井）、民居密集区（如地安门）等，他都能吸收传统建筑的精华，注重整体，融合自然，因地制宜，贵在精心。如北京图书馆东馆，位于北海公园的西岸。北海在辽、金、元时为离宫，明清时为帝王御苑，是现存最完整、规模宏伟的古代御苑之一，而文津街北京图书馆又是建于1931年的传统形式的建筑（欧洲建筑师莫律兰设计），为此建筑师细致地考虑了环境的整体性，较多地注重与原有建筑在形式和尺度上的协调，取得了很好的效果。而地处大栅栏的大观楼电影院曾是北京最早的电影院，是1905年拍摄的第一部戏曲片《定军山》（谭鑫培主演）首映的地方，考虑到大栅栏商业街中清末民初市井商业建筑对西方建筑的模仿，所以作者在设计中力求保持原有商业街的风韵，寻求怀旧向新的建筑表现。启益学长的这种精心创作的实例还可以举出许多。

启益学长退休以后我很少遇到他，但知道他一直没有放弃在建筑创作上的探索和追求。此前不久偶尔相遇聊起，才知在将近20年的时间里，他把主要精力放在承担北京市人民政府宽沟招待所的工程设计上。他长期驻守现场，为招待所的扩建、改建、发展和完善尽心竭力（在本书中对宽沟招待所的构思、发展、创新、细部、空间、环境等诸方面都有详尽的描述和说明，此处不重复）。同时启益学长也表示正陆续将他的感悟整理结集出版，我听了自然极感兴趣，因为招待所地处北京远郊，用地、地形都十分复杂，如何顺应山势、泄洪引流、步移景易、和谐共生，需要长期而细致的琢磨和体味才能把握得体。同时，政府设施的各项服务功能也提出了使用上的复杂要求，

肖启益学长

再加上新建、扩建、改建各种需求交织在一起，设计上有极大的难度。启益学长积此前数十年建筑实践的理念和经验，加上执着而细致的经营和处理，空间和形式处理上得心应手，使许多困难、问题都迎刃而解，从整体来看，工程取得了很好的社会效益、环境效益和经济效益，也是启益学长退休后的一件精彩的集大成之作。

由启益学长的《无为集》我也想到了许多。当前我们赶上了一个快速城市化的时代，城市及建筑的建设和扩张为规划师、建筑师施展才华提供了极好的平台，精彩作品不断呈现。但城市的建筑事业不仅是可以拉动 GDP 和经济发展的物质产品，还是包括社会、科技、经济、历史、文化等诸多内容的精神产品，如何反映这样一个伟大的时代，为这个时代的建设成果留下一份真实而准确的记录，也是我们所面临的重要课题。随着一项工程的建成，所遗留下来的工程文件常常就是存放于档案馆的竣工图纸、审批和验收文件，而发表于学术杂志的文字常常就是一份就事论事或见物不见人的工程报告或案例介绍，缺少对过程的描述，缺少人物的活动。有时，对这种过程的了解要比单纯地观察最后的成品更为重要，更有启发性。因为其中包含着理念和观点上的讨论或交锋；有相关各方利益的博弈；还有在实施和操作中的坚持或妥协；更有审美等文化层面上的矛盾和不同解读……对这些过程和内容的梳理和总结，有助于了解工程建设的全过程，有助于从一个侧面保存当事人宝贵的第一手亲历资料，也有助于学界和社会对工程的优劣得失做出客观、实事求是的评价和判断。启益学长的《无为集》就是其作为宽沟招待所工程主要负责人所做的一份翔实记录，也是一次反映个案的有益尝试。相信对学界也会有一定的启发作用。

此前我们的许多工程项目，尤其是一些重点或重要工程，工程的特殊性或"边设计边施工"的做法常使许多重要的材料和档案缺失，当事人的过世也使得许多重要过程或关键环节逐渐变得模糊不清，有时甚至是失真或以讹传讹。所以除了正史或主流媒体的介绍外，社会团体、民间的工作也将成为重要的补充，尤其是进入21世纪以后，活跃于20世纪建筑规划界的前辈和骨干多已退居二线，因此有关社会团体、学术媒体或个人，也主动做了些回忆或记录口述历史的工作，对社会大事件的回忆有《建筑中国60年》《岁月回响》《历史回顾》《古都北京五十年演变录》等；对于建筑师的回忆有《建筑百家回忆录》《名师自述》《中国第一代女建筑师张玉泉》《建筑师宋融》《脚印、履痕、足音》等；还有一些关于在世著名建筑师的传记等，都反映了社会和学界开始对此事的关注。

上图：宽沟招待所 6 号楼

下图：宽沟招待所

1994年北京市领导焦若愚视察工地

通过《无为集》还可以更深入地了解启益学长，了解他的为人和敬业，进而了解建筑师这个职业，也有助于加强社会各界对于建筑师的认识和理解。建筑师作为一种专门职业由西方传入中国仅有百余年历史，按我的体会，这是一个既有强烈的个人色彩，又需要集体合作的专业；这是一个具有极高的创造性和综合性的牵头专业，是多学科、多专业、多工种的集成。任何精品或传世工程的建成和使用，离不开业主、设计、施工、监理等各方面的精诚合作和互相支持，而是否有一个思想开放而又给予建筑师充分理解和支持的业主尤为重要。我听启益学长提起，宽沟招待所的几个业主都对建筑师的创作给予了极大的包容和理解，从各方面加以鼓励和支持，对于建筑师来说这是极大的幸运，也是启益学长在长达 20 年的时间跨度中，能够充分展现自己的智慧和才华，充分发挥自己的创造力和想象力的重要保证。

读完本书，对启益学长毕生所追求的"天之道，利而不害；人之道，为而不争"的境界有了更多的了解，启益学长也准备将此书献给母校清华大学百年华诞和上海徐汇中学 160 年校庆，这是很有意义的礼物。在《无为集》即将付梓时，启益学长嘱我作序，为此我写下了这些先睹后的心得，同时也预祝学长健康长寿，建筑创作之树常青。

2011 年 1 月 11 日初稿，1 月 14 日修改

（本文是《无为集（一）：感悟宽沟建筑文化》一书的序言，

该书由清华大学出版社于 2011 年 4 月出版）

画品与人品

——怀念魏大中

2004 年 2 月 4 日,我拿到了清华大学出版社刚刚出版的画集《丹青录》,这是建院顾问总建筑师魏大中的建筑画选。由于采用了新的印刷工艺和纸张,画册十分逼真生动。仔细拜读时我想到正在和病魔斗争的魏总,马上给他夫人李宛华老师打去电话,以表关切之情。魏总执意要亲自接电话,并表示要签名送我一册。在电话中虽听出他已十分衰弱,但绝没想到过了两周,他就离我们而去了,真让人无法接受。更遗憾的是因我出差也没能向他做最后的告别。这些天来总是想起他的音容笑貌,想写点什么来寄托自己的哀思。

魏总是 2003 年"非典"过后查出患病的。得知这一消息,我们都很惊愕。因为"非典"期间我们中午常在食堂见面,我们面对面边吃饭边谈笑,还交流着从手机上看到的幽默短信。那时魏总负责的国家大剧院施工图任务十分紧张,他一直在坚持工作,不想也正是"非典"耽误了他的病被及早发现和治疗。在得知确诊为胰腺癌后,我心头不由一沉,因为 20 年前我父亲也是患此病症,动了两次手术也只坚持了一年左右。尽管如此,总还希望吉人天相,希望魏总能躲过这一"劫"。手术后有一段时间他恢复得较好,还参加了同班同学的聚

魏总和夫人李宛华

会，我们都暗暗为他高兴，怎料到刚出版的《丹青录》竟变成了留给大家最后的纪念。

魏总 1961 年清华毕业留校任教时，我正要上大三。1974 年他调来建院后，我们又成了同事。他在学校时没有直接教过我，但他的水彩画作却是我们最早的老师。那时建筑系美术课主要学习素描和水彩，背着画夹子在清华园里写生常招来其他系同学羡慕或好奇的眼光。记得张充仁先生挥洒飘逸的意大利风光水彩作品和关广志先生严谨准确的古建水粉作品都让我们佩服得五体投地。梁思成先生的意大利古建筑和杨廷宝先生的故宫钦安殿也让我们见识了大师笔下的扎实功力。但我们更关注挂在建筑系馆走廊中的优秀示范作业，因为作者都是我们身边的同学或学长，他们的作品就是我们学习的样板、努力的目标。他们的名字至今我还清楚地记得，魏大中就是其中的一位。

后来有更多的机会欣赏到他的建筑表现图，尤其是有两次北京的建筑画展，其中一次获金奖作品的奖品是著名画家黄胄的亲笔画作，其后被魏总获得，让我们又钦佩又羡慕。我手头有三本魏总的画集，一本是 1991 年出版的《当代中国建筑画名家作品集》，收入了 20 幅作品；一本是 1999 年建院院庆 50 周年时出版的《魏大中建筑画选》，收入作品 113 幅；再一本就是《丹青录》，收入作品 66 幅。西晋时陆机对绘画有一段评论："丹青之兴，比《雅》《颂》之述作，美大业之馨香。宣物莫大于言，存形莫善于画。"他认为绘画是表现"大业"的手段，是保存形象的重要方法。以表现建筑环境为目的的建筑画，更是反映大好河山和城市面貌的重要方式。魏总对此孜孜不倦地探索了近 50 年，有独到的心得。其早期作品在扎实的素描功底基础上，努力熟悉水彩的表现特性和技法，如颜色的渗化、水色的交融等；到了中期技法日益成熟，他除了在水彩、水粉原有表现上探索与蜡笔、彩铅、油画棒的结合，同时还在利用喷笔、钢笔、铅笔、马克笔的快速表现上进行了大胆的尝试；到晚期的作品则已达到随心所欲、挥洒自如的境界。清朝乾嘉年间的画家沈宗骞说："要知从事笔墨者，初十年但得略识笔墨性情，又十年而规模粗备，又十年而神理少得。三十年后乃可几于变化，此其大概也。"虽然魏总自己说"对于一个建筑师来说，并不要求也不需要都成为画家"，且时下电脑作画的便利使很多人已不再追求手底的功夫，但魏总确实是达到了很高的专业水准的，正如吴良镛先生所称赞的"出神入化，意味隽永"。

中国古代在评价绘画时曾有唐末荆浩的"六艺"、北宋刘道醇的"六要""六长"、南宋谢赫的"六法"等原则，除了涉及技法的问题

上图：魏总的建筑画获奖，除奖状
外，奖品为黄胄先生（中）的画作
右图：《藏传佛教塔》获 1980 年
北京建筑画展一等奖

外，更多着重议论画的品格。魏总曾谈及自己的经验："我们对建筑美的感受都与不同情调的环境、气氛相关联，我们要表达的这种感受就是一种意境。"魏总同时强调："若想画好一张画，景色必须动人，先要感动你自己，使你激动、赞叹，激发起你的创作欲望，带着这样的情绪才有可能画出动人的作品，才能使作品引起别人的共鸣。"也就是常说的"意在笔先""画尽意在"。魏总长期从事建筑设计，出于职业的敏感，在绘画中对于比例、尺度、色彩、光影以至形体及细部的准确性十分看重，再加上他主观情感追求的抒发，自然而然形成了具有个人特色的、引人共鸣的动力中心。他的作品《迎春》（1980年）、《风壑云泉》（1983年）、《威尼斯水街》（1995年）、《米兰大教堂》（1995年）、《伊萨天主教堂》（1996年）、《叠界》（2002年）等都集中表现了他"外师造化，内得心源"的修养。欣赏魏总的作品不但怡悦情性，同时在提高美学素养、领略中外建筑的神韵等方面，皆是一次极好的享受。我认为这样的作品同样可以传世，就像音乐艺术中既有气势磅礴的交响乐大部头，也有清新隽永的器乐、小品，而且后者可能更为人们耳熟能详，同样具有巨大的感染力。

对魏总的尊敬和怀念，除了他神逸的画品和才华外，更集中在他高尚的人品上。与他共事的30年，使我多了一个可以求教解惑的良师益友。沈宗骞说过："笔格之高下，亦如人品……夫求格之高，其道有四：一曰清心地以消俗虑，二曰善读书以明理境，三曰却早誉以几远到，四曰亲风雅以正体裁，具此四者，格不求高而自高矣。"魏总的画品也源于他的人品。

魏总的人格魅力首先表现在他认真负责的敬业精神上。他来建

《华灯初上》获 1992 年建筑画展金奖

院后在第五设计室工作，先后参加、主持和指导过数十项工程，其中多项为国家和北京市的重点工程。他的职务也从设计组组长、主任建筑师直到院总建筑师。像建国门外的长富宫饭店，这是 20 世纪 70 年代建院和日本竹中工务店合作设计的项目，长富宫的名字即是由中国"长城"和日本"富士山"的第一个字组成，是一个由旅馆、公寓和办公等设施组成的综合体。当时魏总作为这个项目的中方负责人，无论是方案设计，还是技术设计、出施工图甚至施工，都发挥了很大的作用。魏总亲口对我说过，在方案设计阶段，中国建筑师起着主导作用，最后双方合作顺利完成了这一工程。魏总的画作《华灯初上》即以此工程表现了当时北京建设的欣欣向荣，同时巧妙地表现了长富宫与古观象台在手法上的呼应，从而荣获1992年"美丽的北京"建筑画展金奖。作家刘心武在一篇评论长富宫的文章中写道："长富宫无论从什么角度去看，都是很顺眼的。这说明设计者是在貌似平实的线条、体量的比例中，很精心地去体现'简洁明快'而又'雅在无言'的现代派装饰趣味。""在设计的美学追求上体现了一种'雅静'的沉稳风格。"他特别指出："现在的长安街上，大的建筑似乎都争先恐后地'戴帽子'，要么戴个中国古典亭子，要么戴个西洋圆尖顶……长富宫却'反潮流'，看来并非是为了'节俭'，而是为了另辟蹊径。"他并不知道，有一时期在北京为体现"古都风貌"而在建筑上加大屋顶的风潮中，魏总告诉我，领导也要求给长富宫增加大屋顶。当时地处北京站附近的一栋建筑就因"不加大屋顶就不让开业"，建筑师被逼无奈而违心画出了图纸（当然在图纸上还专门写了一段文字表述了自己的看法）。当时我们对此都很不以为然。后来我问魏总是怎么解决的，他笑着说："我们就说加顶子没钱，谁要加谁拿钱来，给拖了过去。"

魏总经手和指导过多种类型的项目，而以剧场类观演建筑造诣尤深。他主持了多项剧场的设计，如北京剧院、长安大戏院、中央实验话剧院方案、国家剧院方案等，还指导和评审过许多剧场项目，是国内剧场设计知名专家。他在考察国内外剧场的基础上，对新型的伸出式舞台进行深入研究，与其他同志合作写出了《伸出式舞台剧场设计》，这是国内第一部关于这种剧场设计的专著。长安大戏院是近年来新建的专门以京剧表演为目的的剧场，从舞台、灯光、音响到观众席的布置都要考虑京剧表演的特殊要求，长安大戏院现在已经成为振兴京剧艺术、推出名角新戏的重要场所。在这一工程的建设中，魏总功不可没。国家剧院是魏总作为院总建筑师长期跟踪和研究的项目。该工程历时几十年，数经周折，做过的平、立面研究方案不计其数。在 1996 年国内各设计单位参赛的国家剧院设计竞赛中获一等奖，当时还希望能在国庆 50 周年前竣工献礼。但后来又重新举行了新的国际竞标，并在众所周知的见仁见智的议论中确定了外方的方案，并由以魏总为首的设计班子配合外方做施工图。由于合作方式和合同的规定，中方建筑师对方案设计没有什么发言权，所以对最后确定的方案中所存在的重大问题，魏总几次同我交谈，都流露出一个有事业心和责任感的中国建筑师的着急和无奈。当然由于业主和各方的努力，最后方案还是有了很大的改进，但有些先天上的不足也只好如此了。以后就是限期开工、按时出图、技术难点的争论、旷日持久的加班，都极大地耗费了魏总的精神和体力，以致还在工程中期他就病倒了。

　　魏总深得大家敬重还由于他的宽厚热诚和淡泊名利。他的为人在院内外有口皆碑。来建院以后，由于在表现图技巧上的造诣，魏总花费了许多时间为重点工程画透视表现图，如国家图书馆"五老"方案的透视图、毛主席纪念堂工程的炭笔表现图等。许多透视图由于被业主拿走，当时又未拍照，所以无法收入魏总的画册内，真是十分遗憾。画集中收入的《北京饭店》渲染图，就是魏总 1978 年为新建的北京饭店东楼建设所画的，在表现建筑体量光影、渲染气氛环境上都极具功力，可称为魏总建筑渲染图的代表作。他还在建院业余大学从事绘画教学，无私地把自己多年的心得传授给大家。他做了许多"为他人作嫁衣裳"的分外工作，如多次出任建设部优秀设计项目的评审，敢于秉公直言；作为视察组成员对高校的建筑学专业进行评估；兼任清华大学建筑学院教授，多次讲课指导研究生……以魏总的学识和成就，他理应获得比现在更高的荣誉和社会地位，但他从不去计较个人的得失，而是诚心诚意地扶持提携后学，甘为人梯，对许多事情真正做到了顾全大局、任劳任怨。由魏总的人品再联想到他的画品，正是宋代郭若虚所说的"人品既已高矣，气韵不得不高，气韵既已高矣，生动不得不至"。无形的人品表现出有形的画品。

在我心目中，魏总始终是可敬可亲的师长，遇到问题和矛盾时，我愿意和他讨论，愿意听取他的意见和看法。尤其是知道他和我是原北京育英中学的校友后，更增加了几分亲近感，在院里碰到时一定要停下聊上几句，说说彼此的工作。他在繁忙的工作之余路过我的办公室也常来小叙几句，平时我还常拿魏总"智慧的前额"开玩笑。1997年5月20日是他的六十大寿，我在一个偶然的场合知道以后，打算跟他开一个善意的玩笑，和老伴凑了四句打油诗，在生日那天送给他以为祝贺：

长安长富誉京苑，粉彩丹青名作传。
盛世富康逢甲子，华章再续锦绣篇。

前两句想概括魏总的成就，第三句除了祝寿之外，还暗指他那时刚刚买了一辆富康座驾。后来听说魏总买车以后，因为院内车位紧张，反倒要比以前坐班车上班更早半小时出来，这样路上车子少还能早占一个车位。第四句当然是希望他在工程上再取得新的成就。谁料刚刚过去不到七年，魏总便离我们而去。当年他看到打油诗后，在电话里开怀大笑的声音犹在耳旁。大剧院的工程还远未完成，他热爱的建筑设计还有那么多工程等待他去操持指点，还有许多城镇河山等待他去描绘，我们还有许多事情要向他请教……可现在这一切都不再可能了！每念及此，怎不让人痛极憾极！

（本文原刊于《建筑学报》2004 年第 5 期及《清华校友通讯》第 50 期）

从《城与园》到《城与年》

——记玉珮珩学长

　　资深建筑师玉珮珩先生多年来笔耕不辍，十分高产。在 2009 年年末，我看到了他的学术散文集《城与园》问世，2011 年年初又获赠他自费印行的忆旧散文集《城与年》。两本书我都是在最短时间内一口气读完的，除了内容吸引人和文笔的生动外，对作者十分熟悉更是一个重要的原因。读完之后，除了钦羡之外，也还有议论一番的冲动。

　　珮珩先生早我一年即 1964 年毕业于清华大学建筑系。他和夫人马宗述是我的学长，在北京市建筑设计研究院一起共事 30 余年，又是十多年同住筒子楼宿舍的斜对门邻居。那时宿舍门装的是碰锁，经常不小心就被锁在了门外，所以我们家的钥匙常年有一把放在他们家备用。他女儿出生时我还帮着起过名字，那时候时兴从毛主席诗词中找灵感，我就建议以"玉宇"名之，但因都是闭口音不响亮最后没被采用。马宗述和我曾长期在同一设计室工作，而珮珩先生在第一设计室，虽然他长我几岁，但因长得年轻，直到现在年逾古稀仍少见白发，脸上也无皱无斑，故我一直不敬地称他为"小玉"，但在本文中，我想还是以"玉兄"敬称之。

作者与玉珮珩（2001 年）

　　第一设计室是建院成立以后由张镈总建筑师长期主管的班子，设计和研究的力量都很强，所以许多重要的设计项目和科研成果多出自一室。玉兄在这样的环境中学习和锻炼，很快就成为业务上的骨干和中坚力量。印象中一些全国瞩目的重大工程他都参加过，如毛主席纪念堂从方案到竣工的全过程、国宾馆的方案前期（未实施）、重点工程中科院感光所以及许多重要的外事工程，尤其是参加了改革开放前后由外方设计的使馆的配合设计等工作。当然有许多辛苦劳累的活也少不了他，如湖北二汽工程的现场设计、支援延安的建设等。另外，一室许多重要的科研和业务建设任务也都有他的份儿，像 20 世纪 70 年代内部出版的《旅馆设计资料》（一套五册），就是当时国内有关大型旅馆设计最全面、最详尽的成果，一时洛阳纸贵，很快售罄，但求者仍众。记得山东某设计院一位搞电气的高工，为借走我手中涉及电梯、电气设计的那一册，说了大量好话，做了郑重允诺，但借走之后就再也不露面了。又如建筑工程出版社出版的《体育建筑》，也是国内最早公开出版的相关领域的实例丛书之一，里面的文字和许多手绘插图都出自玉兄之手。

虽然不在一个设计室，但我和玉兄还是有合作的机会的。1976—1977年的毛主席纪念堂工程，我们一起共度了从前期方案直到竣工验收那段近一年的时光。我曾在一篇回忆文章中写过他的工作："（纪念堂）地下室的平面最复杂，因为剪力墙的数目比地上更多，而门窗洞口、设备和管线留洞必须全部在图纸上注清，如果让工人在有暗柱、暗梁的300毫米和500毫米厚、标号300号的混凝土墙上用人工凿洞，恐怕就不单是个技术问题了。所以玉珮珩的工作量最大，既要和各专业协调，又要把每一道混凝土剪力墙都画出表示留洞位置和尺寸的立面。玉工的脑子特别清楚，所以把那么复杂的事情弄得井井有条，在工地也忙得不亦乐乎。"改革开放后，为了适应大量宾馆建设的需求，院里又抽调各室设计人员在张镈总指导下，集中脱产成立了旅馆研究小组，试做方案、翻译文章、整理资料……我和玉兄又在一起合作了一回。

玉兄喜欢文学，这是在我们成为筒子楼的邻居以后我才感受到的。筒子楼的走道就是各家的共同厨房，下班后各家做饭时就成了交流聊天的好时机。除了院内各室新闻外，文学是我们两人经常议及的话题。玉兄读的书多，知道得多，从作家作品、文坛掌故到评价议论，从鲁迅、茅盾、老舍到徐志摩、沈从文、丁玲，还有我很不熟悉的如苏雪林、赵清阁等。这时常常我都插不上嘴，只有洗耳恭听的份儿。邻居们都说我们俩聊天时像在说对口相声，那我也只是"捧哏"的角色。

玉兄文笔佳是我在看到他写的一篇回忆清华建筑系图书馆管理员毕树棠老先生的文章后才知道的。过去我们只知道毕老博闻强记，外文又好，所以系里的教授们有问题都要去请教他，他是有名的"活字典"。可看了回忆文章后，才知毕老是作家，有散文集、译作出版，1945 年后还在清华文学院讲过课，新中国成立后是作家协会的第一批会员，出席过首届文学艺术代表大会。老伴和我看过之后，除了佩服玉兄博闻之外，更觉得文笔十分流畅，有一种与工科出身之人写出的文章极不相同的文学味。

玉兄退休之后，一直返聘，在工作之余偶尔到我办公室来聊天，经常交谈我们最近读过的书及感想。我也一直留意他发表的随笔和散文，如刊登在上海《建筑时报》上的文章，但不可能每篇都看到，所以我多次撺掇他把散见文章结集出版。大概是拗不住我的"忽悠"，他终于先整理了一本，这就是花了不少时间才得以出版的《城与园》。

《城与园》总共收录了 48 篇文章，其中长的数千字，短的不足千字，是地道的学术散文。按他自己的说法，大致可以归为阅城、阅书、阅人三大类。阅城部分国外提到有意大利、蒙古、西班牙、法国、奥地利、澳大利亚、马来西亚的城市，国内的有北京、苏州、台北、丽江等；阅书部分涉及《图说李庄》《建筑美学纲要》《北京中轴线建筑实测图典》《建筑的重生》《失去的建筑》《赭城》《都市灵魂》等；阅人部分则涉及梁思成、林徽因、张镈、张开济、张永和、贝聿铭、林鹤、安藤忠雄以及龙应台、崔健等。说是阅城、阅书、阅人，但三者又是紧密地交织在一起，城中有人，人中有书，作者通过一个职业建筑师同时又是文学爱好者的视角，通过与众不同的观察和议论，形成了生动而又独具个性的语言和风格。

我以为这些文字都应归入散文或我称之为学术散文的文体。国学大师王国维说过："散文易学而难工。"即是讲散文除了有"形散而神不散""托物言志""借景抒情"等规律之外，大多看去平淡自然、信手拈来，但驾驭起来有很大的难度，形成个性和特色更为不易。在交谈中我发现他对徐志摩的诗文还是很喜爱的，如多次引用诗哲所译的"翡冷翠"三字，欣赏其中所体现的形式美、文字美和音韵美。发端于"五四"新文化运动的中国当代散文，十分注重表现对生活和人生的感悟，注重个性，表露率真。有评论就认为与徐志摩的诗相比，徐志摩的散文造诣更高，如梁实秋、叶公超都提道："（徐的）最高的成就是在他的散文方面。"此外玉兄好像也提过汪曾祺。汪曾祺曾受教于西南联合大学中文系的沈从文先生，其散文着意于流转生动的语言、旷达自然的思想，通过表达普通老百姓的人生乐趣，来创造其境界，传达其感情。玉兄是业余写手，他肯定从更多的"大家"的文字中汲取营养。另外他是一名职业建筑师，学有专长，术有专攻，"建筑师原来就属于服务行业，是遵命职业人，授命的是权力和资本，中外皆然"。但这并不能阻挡作者的责任感、批判性和主体意识，于是也有的评论家提出"写散文要有学问功底"，有了这些才可能有独特的视角和与众不同的思考方法，才能把自己的感悟推向纵深，才能与受众有感情上的交流，才能把学术翻译成文学，正如玉兄所言："小文章虽视点如管豹，但求视界不可小。"

《城与园》中有作者累积数十年职业实践的深刻体会。建筑师有时是一个很无奈的职业。玉兄提到海关总署办公楼设计人（实际就是他老伴）对大屋顶的不情愿和无奈，玉兄从中看到了转型时期的特有"现象"："当年，我们没有钱，大屋顶代表一种奢侈，批判它，没有太多人钟情它；而几年前，我们有了一些钱，大屋顶又承担象征一种文化的重任，某些执掌权力的人反而更加执着。大屋顶正是在这个时段，指令性与幼弱的市场经济之间，传统文化继承和现代文明时尚追求的又矛盾又渗透的产物。"所以作者深感："建筑师又是一种经常无奈、经常遗憾、经常妥协的工作者。事实上，在社会舆论上，当关系到社会的公正、公平或对弱势群体的关爱和冷漠的天平倾斜时，许多建筑师都受到了质疑。"干了一辈子设计工作的玉兄最后告诫我们："建筑师原本就不是一个太自由的职业，但也不能由此把那仅有的自由，交给别人，给别人凑热闹。城市混响中建筑师屡屡唱出不和谐音或跑调，引起越来越多艺术家们的批评，也不能光怪别人。"

玉兄对城市的观察也有自己独特的视角。对自己长期生活的北京，对外地，对因公因私去的欧洲、美洲，都留下了自己的比较和感受。当前国内的城市化有如一场新时期的"大跃进"，大小城市在竞相攀比谁把老房子拆得更快。玉兄现住的广外手帕口是民初国人第一家独资的啤酒厂，为开发房地产也都拆除了。玉兄感叹："京城百年老房子真不算稀罕，尤其当把它变成大楼，又变成可观的回报时，更不心疼。如果只听市场说话，目前还是物质价值远远高于文化价值的时代。""即使追求最大利益的投资人并非没有'文化'背景，可对文化的理解也往往停留在有钱人穿好看、好料子的行头的阶段，舍得花钱的也顶多用上玻璃幕墙、挂上进口石材，就很'文化'了。"但不管怎样，"人们总是对未来城市形象有着种种设想，无限展望，又充满欲望"。我们的科技大腕曾提出过"山水城市"的设想，玉兄在举双手赞成的同时，也"非常理解居于高位的科学家与平民百姓的隔离"。在谈到对上海世博会的期待时，玉兄同样表现了他的冷静："我期待与世博会同时展现的上海是一个有故事、有趣味、有生命活力的城市。但'回归''复兴'或'重塑'，根本的目的，不应只是'展现'，而是为了生活在这里的人群。所谓和谐还包括各类精英和广大平民共同享有这个城市。"这可能就是玉兄眼中的理想模式。

相比于对国内建筑的城市分析严肃而沉重的口吻，玉兄书中几篇访德、访蒙、访意、访法、访马来西亚、访西班牙、访奥地利的短文就显得相对轻快和放松，更为流畅有趣。我想这也是改革开放以后，作为以建筑设计为职业的学人，能够亲眼见到、亲身体会以前在建筑史课程上才能听到、学到的许多世界经典之作所造成的。那种激动和喜悦之情的确是难以形容的。另外在这些经典建筑的背后，又让我们想起了他们的时代、他们的精神、他们的文化以及与之相关的各种人。如萨尔茨堡和莫扎特、翡冷翠和徐志摩、卢浮宫和贝聿铭、意大利和陈志华……这里只摘录几段玉兄充满诗意的文字："向晚时分的翡冷翠更加怡人，橙黄笼罩了树丛和房屋，绿色的阿尔诺河也镀上了一层金黄。远远的圣三一桥头反倒更清晰了，佛罗伦萨人总喜欢不无骄傲地告诉第一次来这里的人，圣三一桥头是诗人但丁和情人比雅特丽丝相遇的地方。"另一段同样也是描写傍晚的文字："我享受了斜阳下带来的建筑外壁的雕饰的精致和沧桑，也享受了柑橘树下庭院的静穆。人潮退了，谁来补缺？还回到它自己，这座不只是建筑的建筑。或者也可以说，就是因为这一切，建筑才不只是建筑。"这就是玉兄笔下有历史、有文化、有故事、有趣味、有人物的，充满生命活力的城市。

　　2011 年年初，我又见到了玉兄 20 多万字的新作《城与年》。见到这书名，我马上想到了 20 世纪 50 年代时，苏联作家费定的长篇小说《城与年》，那是由著名翻译家曹靖华先生翻译成中文的，反映了在"一战"和苏联十月革命时期几个俄国和德国青年的感情纠葛故事。玉兄的书没有如此复杂的情节，但他在起名时肯定想到了这本书。当然玉兄的书还有英文标题，翻译成中文就是"小城故事"。这次他是自费印刷，好像只印了 500 册，我估计这样就免去了出版过程中的拖沓以及种种自己无法掌控的出版环节，在具体操作上可以更加主动吧。

　　《城与年》一书收入了玉兄附以各种小标题的 29 篇文章。与《城与园》中收集的不同时期、不同主题的学术性散文有所不同，这是紧密围绕一个主题，那就是对于他的故乡——河北宣化，亲身经历和感受的城、人、事。玉兄说："近年有暇，重读萧红的《呼兰河传》，想到很多，也引发了我也可以写点什么的欲望。"我读了这本书之后感觉这其实并不是玉兄一时兴起，而是他酝酿思考很久的事。"当回忆仅仅变成一种头脑中虚拟的、已逝的时空回放进行式，对我来说这就是乐趣，并不在意曾经的年月是苦是甜。"因为玉兄感叹："像我这样头脑中印着久远影像的人愈来愈少了。我辈是凡人，但众多凡人凑起来就是一个处在城市和社区的活的博物馆，只是不能复制，也不能参观。对于一个处在缺少影像摄制手段年代的小城，再过上几十年怕谁也不会知道他爷爷和他爷爷的爷爷生活过的地方是什么样子了。"于是玉兄说："我就这样上路了。在旧梦和现实往复交替中，我惊叹时空转换之快，似乎又享受了一届人生。"

　　与《城与园》一书中的散文不同的是，《城与年》全书都是以第一人称的方式写作的，同时附了许多珍贵的老照片和资料，但又不是真正意义上的自传，因为时空和思路跳跃很大，许多地方又仅仅是片段；但也不属于小说，因为里面还有许多评说和议论，例如对于民族和宗教的评析。我以为可以归入欧洲自然主义文学或日本私小说的范畴。自然主义是19世纪后半叶以法国为中心的艺术运动，以左拉为代表，他主张："小说的妙趣不在于新鲜奇怪的故事；相反，故事愈是普通一般，便愈有典型性。使真实的人物在真实的环境里活动，给读者提供人类生活的一个片段，这便是自然主义小说的一切。"而日本的私小说更从自然主义脱胎而来，成为日本一种独特的小说形式。一般认为明治四十年（1907）田山花袋的《蒲团》为其先驱，即"原封不动描写自我经验"，到大正年间（1912—1926）作家们开始有明确的意识，即忠实地描写日常生活，反映真实人性和日常性。1948年久米正雄提出私小说就是"心境小说"，"将自我的心绪转化为自我的感慨，进而直接地加以陈述"。这些小说虽然是写实性的叙事，但更加强化其中主观真实的客观描述。因此也有评论认为这是日本的"纯文学"，是散文文学的精髓，对现代日本文学的发展有很大影响。私小说对中国文学界也有一定的影响，尤其是一些在日本生活过的作家，如郁达夫的代表作《沉沦》就被认为有浓重的私小说特征。20世纪末中国一些女性作家的私人化写作，对人性的深入发掘也看得出私小说影响的痕迹。玉兄是否研究过这些我并不知道，但我觉得那种感觉性、议论性的表述，注重诗性精神的有无的表现与上述潮流是十分相近的。当然对于私小说也有众多不同理解，也有广义和狭义之分，也

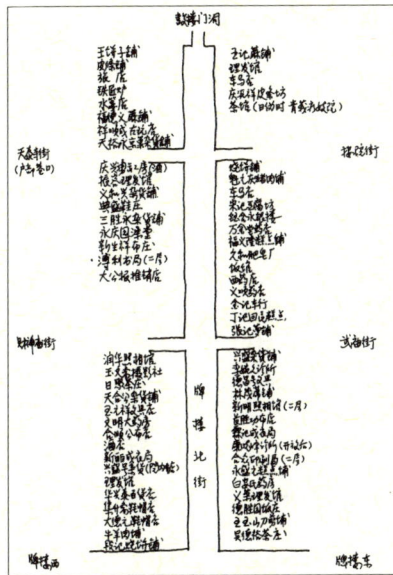

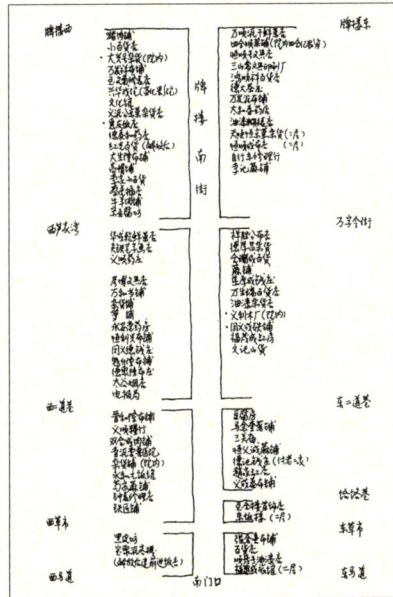

《城与年》中玉兄手绘老街店
面图

有"凡庸化"的倾向，尤其今日中国的一些所谓"私小说"却成了热衷于隐私暴露、庸俗描述的代称，可能是更加"八卦"了。

《城与年》的内容如果细分也可以分成几个板块。首先是对于河北省小古城宣化的回忆。玉兄到北京上大学以前一直生活在这儿，此后也经常回去探望双亲和师友。正如土耳其诗人希克梅特所说："人生有两件东西不会忘记，那就是母亲的面孔和城市的面孔。"宣化的历史掌故、风土特色、气候生态乃至城市面貌都成了玉兄记忆中无法抹去的印象。"虽然宣化历史上是屯兵的、边关的要塞，但由于历史的变迁，久无战争，失去了依托，慢慢成就了一个不富有、但知足的小城。""太阳特别的红，虽然无风，但留下的只有冷。捂着耳朵，吸着鼻子，鼻子发干。地冻得嘎嘎响，昨天谁吐的一口痰，也给冻得光溜溜的，像翡翠那么晶莹。""每年暮春盛夏时分是欢腾的日子，阳历六七月北山的融雪的水下来，从北门外一路泻下，流入城里，马路旁的阳沟里滚流着清冽的溪水。"为了留住儿时的记忆，玉兄根据资料仔细复制了由南门口到鼓楼之间这条鼓楼南街和北街两侧的原有商家店铺的分布图，密密麻麻的小字唤起了众多难忘的细节。"全城最热闹的牌楼底下就是宣化市民的大中心了，有商业，有娱乐，有热闹，光看那些店铺的门脸和招牌，就觉得像一个人有鼻子有眼，全活人啦。更像是项链的坠儿了，还是钻石的。""回望我出生的庙底街，想起年轻歌手艾敬在一首歌里唱道：'一条普不普通的街……发生的故事很多很多。'"

这些故事自然还要从玉兄的家庭开始讲起。清嘉庆年间玉兄先辈授职"守备世袭云骑尉"，购置房产，将庙底街 48 号院作为自住。玉

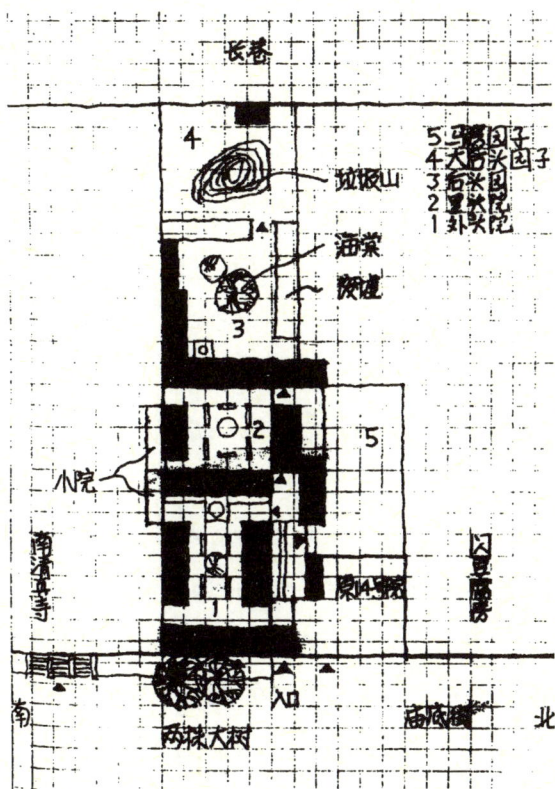

《城与年》中玉兄手绘老宅平面图

兄根据记忆，按比例绘出了老宅的平面图。"玉氏先辈分家已经历了好几代人。最初分家是分了三门，即大门、二门、三门。大门和二门居前院，三门居里院，慢慢二门之后大部迁出。"玉兄是"三门"之后，所以对于家人亲戚的回忆占了本书的许多内容，尤其在我们成了筒子楼的邻居之后，玉兄的父母几次来京小住，印象中都是极和善、慈祥的老人，他父亲不太爱讲话，母亲还常和我们聊天。由于父亲常年在外上班，所以玉兄的回忆中有关母亲的篇幅远远大于父亲，并且引用胡适先生回忆自己母亲的一段话："我母亲待人最仁慈，最温和，从来没有一句伤人感情的话。"玉兄说："这句话正好用来形容我的娘。"后来玉兄一家从筒子楼搬走了，我就再没看见过二老。此外还有他上学的经历、同学的回忆，尤其是玉兄还保留着小学毕业时写有诸多学友们留言的纪念册，这样不同家庭、不同性格的同学，包括"邻家女孩"或"同桌的你"都活灵活现地展现在我们眼前。中学的世界就更加多彩，同时也加深了我对玉兄的了解。

玉兄是回族。嘉庆年间的先辈除自留住房外，拆除多余房屋，腾出三亩多地，牵头融资兴建了宣化的南清真寺，也就是玉家 48 号院的南侧。玉兄用相当的篇幅介绍了他的民族和宗教、婚丧习俗、生活禁忌，这些过去并未听玉兄提起过。又想起我们同处筒子楼的五层，在十几户人家中有两户是回族，我们在平日生活中也不是特别注意那些细节，回想起来还要念叨玉兄等两家的大度和宽容。

一口气读完《城与年》后，一方面在欣赏玉兄流畅的文笔，从那些凡人小事、乡情民俗、即兴偶感中体会他的细腻、深沉；另一方面他所经历的时代与我所处的时代是重合的，"自己觉得有自傲的地方，那就是经历了民国时期、日本侵略时期和新中国三个阶段，脑子至今也还清楚"。所以许多地方都能引起自己的共鸣，这大概也是引起要议论一番的冲动的原因之一吧。

好几次玉兄都要我对他的两本书提些意见。对《城与园》，我认为许多文字没有注明写作年代是一个缺憾。因为这既反映写作的时代背景，同时也可从时间的流逝中看出作者思路的发展和变化，有助于加深对文章的理解。对《城与年》，我觉得可能是在请人录入文字时出的毛病，有一些明显的错别字，也许是因自费出版费用有限而缺少正规的编校工序所致。我一直以为《城与年》只印了 500 册太少了，这个数目即使是赠予师友、同事都是不够的，希望还是能够正式出版，以飨更多的读者。

据我所知，近来搞建筑设计这一行的非专业写作逐渐多了起来，仅同事、老师和学长中除玉兄的两本之外就见到了张镈总的两本回忆录，还有费麟先生、刘益蓉和郑文箴学长等人的大作，相信还有许多师友可能也正在进行或准备进行这一工作。杨廷宝、梁思成等第一代建筑师，没有留下什么第一手的口述历史或回忆资料。张镈、张开济等第二代建筑师，留下的口述和回忆资料也很有限。"文革"以前毕业的第三代建筑师（包括我们在内），也陆续年届古稀或进入耄耋之年，他们经历了新中国成立以后的各项政治运动，也亲身体验了"反对大屋顶""设计革命""下楼出院""八字方针"等种种城市和建筑活动的起伏和折腾，是事件的亲历者与参与者，见证了城市的成长和变化，掌握着不少鲜为人知的第一手资料，因此利用当前的机会留下一些有利于总结和佐证的口述历史资料，对社会、对学界、对单位、对个人都是一件好事。

（本文原刊于《建筑创作》2011 年第 11 期，后刊于《礼士路札记》，

天津大学出版社 2012 年 1 月出版）

凤凰台上凤凰游

　　由北京市建筑设计研究院有限公司（BIAD）执行总建筑师邵韦平领导的方案创作工作室团队主创的凤凰中心，经过六年的设计和施工，终于尘埃落定，以其独特的造型和内外空间给人们全新的感受。这个工程规模并不大，包括地上、地下的总建筑面积不到7.5万平方米，却是一个充满挑战性的项目，是一个挑战传统的设计和建造方式，通过建立项目的综合信息管理平台，对数字化设计和数字化建造进行了大胆探索和应用的项目。项目的成果取得了很好的社会效益、经济效益和环境效益，对行业的可持续发展和技术进步有很大的影响。

　　凤凰中心是在香港注册的凤凰卫视在北京打造的总部，在我国各大城市中，广电建筑和电视塔已成为城市的重要名片和标志物。以北京为例，复兴门广播大厦、公主坟彩电中心、建外中央商务区（CBD）的中央电视台新址以及北京电视台都是不同时代广电建筑的代表作。

　　广电建筑的工艺性、技术性很强，包括采编、录制、播出等流程对建筑设计有严格的技术要求，所以我们设有专业的广播电视设

在凤凰中心工地的邵韦平总

计院。广电建筑是按照工艺复杂的信息加工厂房来设计的，一般的民用设计单位较少涉足此类项目。改革开放以后传播事业有了飞速的发展，计算机技术、数字技术、卫星技术、网络化等新技术的冲击和介入，使电视由单纯的记录现实、再现现实转入创造现实、虚拟现实，除复杂的技术工艺要求外，也要更注意其公共性和开放性，这也创造了让更多的设计单位介入其中的机会。但由于体制和管理上的原因，我们的广电建筑在功能上还是追求大而全，技术和非技术部分一应俱全。另外，这类建筑作为体制中的要害部门，总是戒备森严、拒人千里，即使为了营造开放的气氛而设置一些液晶大屏幕或一些特定观众的现场参与，也多是商业化的处理或成为鼓掌造势的道具。尤其是因为城市主管和业主的过度要求，在建筑的标志性上常常舍本逐末，买椟还珠。这方面的突出例子就是中央电视台的新址，古怪的建筑造型和高空悬挑 70 余米与电视节目的制作和播出毫无内在的逻辑关系。本人认为对传媒产业至关重要的还是其播出节目的质量，是其真实性、及时性、科学性和娱乐性，是节目的境界和品位，而广电建筑的外观只是产品的外包装。笔者曾先后参观过美国有线电视新闻网（CNN），日本放送协会（NHK）、富士电视台，有许多可借鉴之处，现代的开放传媒在自由体验、互动交流、信息共享等方面还有很多工作要做，这也是凤凰中心面临的挑战。

在我国众多的传媒中，凤凰卫视又是一个显得有些另类、独具个性的传播媒体。它是民营的全球性的华语卫星电视频道，于1991年开播，2000年6月在香港创业板挂牌上市。凤凰台目前有六个电视频道，覆盖了全世界150个国家和地区，成为当前最有影响力的华语媒体之一。当前，在国际传播能力上，华语媒体的影响力、渗透力和国际影响不断提升的机会，以及在新媒体领域和西方媒体基本处于同一起跑线的机遇，逐渐缩小了与西方在技术、运营、市场、人才方面的差距。在内地获准落地以后，其节目内容和质量在人们心目中已树立了良好的口碑。凤凰卫视有着自己的经营理念和追求，正如凤凰台标所表现出的那种融合、开放和沟通，倡导的天和、人和、心和的和谐境界。如何反映这样独具个性的文化创意传播媒体的企业形象，恰如其分地表现企业的核心理念，对设计方是极大的挑战。但北京的凤凰中心只承担节目的录制工作，播出仍在香港总部，这种录播分离的模式更适合当前新媒体发展的特点，内部功能需求相对简单，为方案设计带来了较大的自由度。除媒体办公和演播制作外，在柔和连续的表皮之下创造出了开放、灵动、互动的内部空间，适于对公众开放和创造互动体验气氛。同时，首都北京作为"设计之都"，希望通过文化创意产业提升城市的形象和品位，凤凰中心这样的创意产业也能推动城市经济和社会的发展。与此前的一些广电建筑相比，凤凰中心也更适时地表现了新技术条件下人们新的审美需求，具有强烈的时

凤凰中心工地外景

代特色和行业特征。该建筑通过柔和而连续的建筑体形，加上内部两个不同功能空间的巧妙组合，生动而流畅的环廊和平台，节能和低碳的理念等处理，与朝阳公园内浓密的绿化及周围的城市布局有机地呼应及契合。

邵韦平团队的设计方案经过多轮征集并最后胜出后，就面临如何将虚拟的凤凰中心转化为实体，让凤凰的三维形体在北京翱翔和落地。长期以来我们这个传统行业是以人工思维、手工操作为主的，因此在对一些复杂体形的处理上，常显得力不从心、捉襟见肘，表现了人们想象力与现实可能的疏离。但随着计算机技术、数字技术、网络化深入到人们生活的每一个角落，不但改变着人们的生活方式、社会的运作和发展模式，这些技术整合体系，同样也向建筑行业渗透，

凤凰中心工地内景

逐步取代传统的运作方法成为支配和控制这一领域的重要机制。"手工—机械化—工业化—数字化—网络化"就是行业技术进步的路径。首先在龙头行业的设计领域，建筑师的创意和思维，通过一系列规则、口令、语言、符号等标准化的数字处理，塑造出一个数字控制的世界；它与建筑师的创意和想象进行联结，经过生成、修正、优化和测评，提供了更多的可能性和自由维度。拓展了建筑师的自由世界，更好地表达和深化了设计的成果。另外，由于建筑艺术的人文和审美需求，又促使在数字化探索的同时，超越单纯的技术选择，让技术逻辑与人文逻辑更好地协调发展，进而努力消除数字化本身的技术鸿沟，以及数字化与人文价值、审美需求间的鸿沟。凤凰中心的设计和建造过程就体现了这一系列的探索和开拓，表现了在如此异形建筑

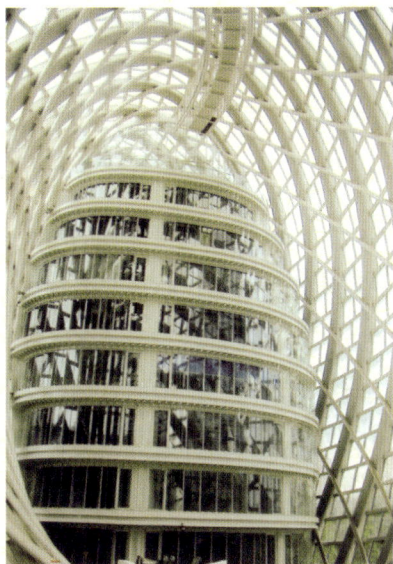

凤凰中心内景

上，设计和施工可以游刃有余，积极掌控，反映了技术进步使设计进入更为自由的境地。

与共和国同龄的北京市建筑设计研究院有限公司选取了凤凰中心这个高技术、高难度的项目作为突破口，作为推动设计技术革命的试点，通过数字化技术和建筑信息模型（BIM）技术的介入，通过这个技术平台，达到全面综合的设计控制与优化，进而外延拓展到数字化建造和管理。这样就能把凤凰中心这样一个十分复杂的课题通过数字化、可视化技术加以系统化和简单化，促进规划、设计、施工、运行管理等环节的协同工作，从而实现项目在一个指令之下的可控性和可预知性，达到确保质量、提高效率、减少风险、控制造价等目标。从凤凰中心的研究总结报告中可以看出，在科学地划分了"建筑系统"

的基础上，建立了精确的、可修正的、可传递的、可链接的全信息建筑模型。在建立几何控制系统的基础上，陆续建立基础控制面、立体几何控制系统及外壳钢结构、外幕墙等一系列控制模型，为各专业的优化设计、高精度设计以至深化加工创造必要的条件。同时信息模型的研究并没有单纯停留在表达复杂的建筑空间形体、使产品可视化这一粗浅的层面上，而是充分利用BIM的优势，革除传统项目工程流程各方相互分割的流弊，大胆探索建设项目全过程、全生命周期管理。凤凰中心项目在结构体系的加工建造、幕墙系统的加工建造等方面都做了大量的开拓性研究，并在施工建造过程中取得了很好的效果，使施工和加工产业实现由粗放到数字精细化的升级。凤凰中心所体现的结构美是建筑师和结构师密切合作、早期介入及互相激发促进的结果，量身定制所表现出的复杂性和多样化，通过严格掌控的几何关系，通过不断地分析、调整和修正，达到理想状态。同样，在此基础上的幕墙控制方案不断优化，使结构与表皮达到了整体的融合，也是各专业、设计与建造紧密结合的结果，与国内同类设计相比，在数字化建造上跨出了重要的一步。

在项目完成后，回顾凤凰中心项目上建筑信息模型的建立、应用和拓展，也是要冒极大的技术风险，需要克服一系列的困难，需要企业和建筑师的胆识和勇气的。首先由于设计项目量身定制的个性，因此没有成熟的先例可以借鉴；其次由于我国设计周期极短，面对信息模型大数据量、大计算量的特点，在时间、人力、资金的投入上要比常规项目高出很多；另外，为适应全新的设计与建造方法，要培训一批具有数字技术能力同时又熟悉各专业设计业务的技术队伍；这一过程的顺利对接和实现还需要业主、设计、加工、施工各方的组织调整、资源整合和默契配合。当然在整个建设过程中还要克服一系列相适应的规则和标准（包括国家标准和企业标准）、软件的局部兼容、储存空间和网络的调整、外延方面的拓展研究甚至还有知识产权的问题等。即如 BIAD 这样的大企业，在凤凰中心实践经验的基础上，为了推进其应用，在 2011 年成立了 BIM 研究室，从事基础性、平台性的指导和培训工作，并陆续在一些大型重点项目中应用。但真正在协同设计、系统集成上的大面积成熟推广，还有较长的路要走。

凤凰中心的建成还要归功于主管领导的开明、业主方的包容和配合、各相关单位的协同和默契。由 BIAD 打造的这个高标准、高完成度的建筑精品不仅是对设计行业，甚至包括建筑业都有着示范、引领和推动作用，同时也大大提升了中国建筑师和建筑行业在海内外建筑市场的竞争力。凤凰卫视总裁刘长乐先生指出："这是完全由我们中国人设计、建造的建筑作品，是能够反映出中国当代建筑设计水准、技术实现水准的作品，是可以进入世界高水平建筑范畴的作品，可以说是真正的'中国创造'。这个作品与凤凰卫视的企业形象和文化是契合的，能够反映我们凤凰人追求的品位和境界。"业内同行也对凤凰中心高度评价，认为其"为中国建筑设计和实现水平树立了新的标杆"，"具有示范价值，具有国际竞争力的高度"，"是里程碑性的"。

同样，凤凰中心也得到海外同行和媒体的高度评价。2011 年 8 月，项目在罗马开幕的"向东方"中国建筑景观展上首次亮相，即引起了众多媒体关注，同年 9 月在日本东京召开的国际建协建筑师大会上展出之后，陆续收到来自美、英、法、德、意、西班牙、波兰、瑞士、

凤凰中心内景

韩国等国的邀稿信件，并先后在数十家专业杂志和网站上被报道或转载，同时凤凰中心还被国际"设计潮流"专业网站评为"2011年全球十大文化建筑"之一。2012年8月，凤凰中心作为五个参展作品之一代表中国在国际顶级的建筑艺术展览——威尼斯双年展上推出。中国建筑师已在国际设计舞台上展现了自己的实力。

随着改革开放和我国加入世界贸易组织（WTO），设计市场的开放给中国建筑师带来了严峻的挑战，外国设计师陆续进入中国建筑市场，并建成了一批有影响力的公共建筑。但由于建筑市场被扭曲的价值观和政绩观所左右，所以在这个中外交流和竞争的机遇中，中国本土建筑师在这个世界瞩目的建筑大舞台上，很长一段时间只能扮演配合的次要角色，社会也没有创造出公平竞争的环境和氛围，使得我国在许多重要建筑事件中白白丧失了宝贵的机会。但完全由中国建筑师和相关团体自主研发、独立完成的凤凰中心，以精彩的成果显示了中国建筑师的想象力和创造力，是中国原创走向世界的可喜开端。

正如《说文》中提到：凤凰"出于东方君子之国，翱翔四海之外……见则天下大安宁"。除了设计和建造上的成就外，也希望凤凰中心的建成在"构建覆盖广泛、技术先进的现代传播体系，形成与我国经济社会发展水平和国际地位相适应的国际传播能力"中发挥自己的作用。

（本文原刊于《建筑学报》2014 年第 5 期）

和王兵在一起的日子

　　王兵离开我们已经快一年了，他走的时候刚刚47岁，按说正是精力充沛、经验丰富、可以大展身手的时候，却因患病而过早地离开了他熟悉的同事和创作集体，离开了他所热爱并执着的事业。回想起来，他在北京市建筑设计研究院工作的24年当中，有一半的时间，也就是有12年的时间是在四所——我们这个创作集体——里度过的。我们一起设计、加班、讨论、出差、下工地，也眼看着他结婚、生子，成长为建院的技术骨干、副总建筑师。他去世后大家开追思会的主题是"和我们在一起的日子"，看起来是一个流水账，但这也就是他和我们在一起的难忘的日子。

　　王兵是1987年7月10日到院科研楼十层的亚运会体育中心设计组报到的，这在我的工作日记里有专门的记录。当时我还不清楚他为什么点名要到这个设计组来，在知道他和已在设计组的董笑岩的关系以后，稍微明白了一点儿，因为小董的研究生实习阶段和毕业后都在我们这里工作，我想可能和小董的介绍有关。那时王兵还是24岁的年轻小伙子，虽在北京生活很长时间了，但言谈中还时常露出一点儿东北口音。最初的印象是，他特别爱唱童安格的《耶利亚女郎》，每天不厌其烦地边听边唱，害得边上的我都听会了，变成我最早学会的流行歌曲之一。还记得在某年国庆节前，院里在月坛体育场举办运动会，王兵听说了也跑去代表四所参加，回来还很得意地告诉我们，他短跑拿了个第一名，可是坐在那里刚过了没一会儿就脸色煞白，说心脏不好受，不知是运动太激烈还是准备活动没做好，把我们都吓坏了，赶紧送到阜外医院急救，最后幸好有惊无险。

2002 年王兵在瑞士洛桑

在一起工作的 12 年中大的事情有三项：1990 年前是亚运会奥林匹克体育中心工程，1991—1992 年是申办 2000 年奥运会的筹备工作，1993—1999 年是首都国际机场 2 号航站楼的扩建工程（当然其中穿插了若干零碎的投标、竞赛和方案）。首都机场工程结束后，设计组就解散回所了。此后申办 2008 年奥运会，在几次设计竞赛和评估时我们都有工作接触，但那时王兵已经是独当一面、带领庞大的设计团队、对相关工作全面负责的主要人物了。

王兵到亚运会设计组时，规划方案已经确定，三大比赛场馆的建筑方案也基本成形，他很快投入到闵华瑛领导下的体育馆的设计。因为施工单位很快就要进入施工现场，所以赶出设计图纸的任务十分紧张。王兵很快就进入了角色，熟悉了工作，并发挥出了自己的创造力。记得在体育馆南部门厅的处理上，王兵想了不少方案。最后正立面入口处的特大水平圆雨水管就是采纳了他的建议。在工程中崭露头角是第二年，他负责了曲棍球场的主要设计工作。这是体育中心四个比赛设施中最后开工的一项，也是国内第一座按照国际标准设计的曲棍球场，虽然球场只有2000个座位，但是麻雀虽小，五脏俱全，而且当时还全部是手工绘制图纸。1988年7月初步设计交指挥部审查，10月施工单位进场，月底就完成了全部施工图设计，这也是以王兵为主要设计人员完成的第一个工程。奥林匹克体育中心最后验收是在1990年7月9日，正好是王兵到设计组整整三年的日子。

在亚运会设计图纸完成后配合施工的过程中，设计组还曾参加过几次设计竞赛，王兵都是主要参加人员。一个是1988年4月的天津体育馆竞赛，也是我们设计组参加的第一个竞赛，我们做了认真的准备，最后获得二等奖第一名（一等奖空缺）。1989年3月日本东京国际会议中心的国际竞赛开始报名，这也是改革开放以后我们所遇到的第一个正规的国际设计竞赛。其设计文件、规定、答疑、手续均十分严格，院里在刘开济总领衔下，刘力和我以及一批年轻同志都参加了紧张的工作。在大方案确定以后，王兵作为主要人员，参与完成基本图纸的工作，并在9月送交了方案和模型。从该竞赛发表的最后审查报告看，在预审和共三轮的审查中，中国送去的15个方案中，有三个方案进入了第二轮，即建院、建设部院和同济大学的方案，但在最后一轮的审查中都被淘汰。通过这次参加国际竞赛除了发现我们在理念、表现、制作等方面的差距外，还暴露了体制、职业等方面的一些不足。1989年11月，我们参加了武汉天河机场的设计竞赛。因为当时已经得到首都机场将要扩建的消息，所以也以参加这个竞赛作为一次热身和练兵。我和王兵一起把图纸和模型送到武汉去，那时已是年底，当天晚上在旅馆住下时已经很晚了，只记得客房里不知什么原因冷得要命，王兵和我连棉衣都没脱，和衣蒙头将就睡了一夜，到第二天早上拉开窗帘才发现有一扇窗户大开着！此后在刘开济总的指导下，我们还为美国赌城雷诺做过一个具有中国风格的旅馆和赌场的设计方案。

1990 年 8 月，我们还参加了北京西客站的设计竞赛。当时院里决定由一所和四所按照中国古典风格和现代风格分别做两套方案送交。实际上除建筑形式外，我们在交通组织、人流、车流和物流的分配，改革车站设计基本模式上还动了很多脑子。11 月底提交方案，当时采用的是白色的小中药水丸充当模型底板上的树阵，设计组包括王兵在内的年轻同志花费了整整一个通宵粘这些药丸。后来又陆续修改了两轮方案，第二轮方案就是由王兵提出的两个流线型的圆筒组合方案，这种体形对于以北立面为主的建筑物还是有不少优越性的，并采用了当时还很少用的银白色面层饰面（当时的饰面材料还是我从日本带回来的）。结果评选时，铁道部一个副部长揶揄说："北京院给我们做了两个大高炉！"（实际上他是要支持铁道部的方案。）后来有关领导执意要采用中国古典风格的方案，加上我们很快又接手了申办 2000 年奥运会的筹备工作，于是这次竞赛就告一段落了，但这段经历对于了解大型交通建筑人流、车流，地下地上的各种流线组织以及处理与城市的关系等颇有助益，为我们后面的机场设计积累了许多经验。

2000 年奥运会的申办工作从 1991 年 3 月开始，持续到 1992 年 5 月申报书完成，此后准备国际奥委会的考察以及 1993 年 1 月正式提出申办报告。当时参加这一工作的除单可民和我两位老同志外，还有王兵、陈晓民等年轻同志。因为那是我国第一次申办，所以没有经

上图：1988 年与天津体育馆模型合影。图中左起滕慧、马景忠、王兵、闵华瑛、作者

下图：1990 年王兵夫妇（左一、左二）及作者、刘开济、范强（左三、左四、左五）与美国赌城雷诺设计模型合影

验，除了要了解国际奥委会的要求、研究历届奥运会申办国和主办国
的相关报告外，还要到国家体委各相关部门了解比赛规则和要求，结
合北京市的具体情况规划比赛场馆、练习设施、运动员村和相关设施
的选点、用地以及哪些是要新建，哪些是要改扩建。当时我们这个工
作班子虽然人数不多，但效率很高，而且当时计算机技术也有了较
大进展，不过仍然需要设计人员和计算机所合作完成有关图纸和表现
效果图，这些都是由王兵他们几个年轻人完成的。最后的申办报告分
三册共 457 页，第二分册的场馆设施就占去了 316 页。其中的新建设
施，包括室内自行车赛场、水上比赛场地、马术比赛场地等项目，在
国内都还没有建成的实例。而且所有的比赛设施里涉及比赛场地、观
众人数、记者、贵宾、官员、赞助商的设施和面积等，都需要得到 25
个比赛项目的国际单项体育联合会的检验和批准，那真是细微而又烦
琐的工作。另外主会场的规划设计方案也是由王兵主要执笔完成的。
当时把主会场确定在奥林匹克体育中心的南部，规划方案与北部已建
成的体育中心一期在手法的呼应、建筑的对位、交通的处理上都衔接
得比较自然。最后供国际奥委会审查的表现模型是由地处北二环的一
家北京工艺美术工厂完成的，但他们对制作建筑模型并不擅长，所以
为模型的色彩、材料、表现手段、介绍图纸等，王兵和我到那儿跑了
好多趟。2000 年的申办最后虽以两票之差没有成功，但还是为 2008
年的申办成功打下了基础，积累了经验。

在申办 2000 年奥运会的两三年时间里，设计组也抽空做过一些
方案，其中由王兵主要执笔的工程有京津花园、长春兽医大学体育
馆、中国社会科学院扩建工程、现代文学馆等，其中前两个方案付诸

了实施。京津花园是在房地产产业化开发初期做的一个方案，由刘开济总指导，我们完成方案后由院永茂事务所继续完成，但听说开发商主意变化很大，所以最后究竟改成了什么样子根本就不知道，倒是长春兽医大学体育馆基本按照原设想建成。

　　从1993年到1999年，我们又在一起承担了首都国际机场扩建（包括候机楼和停车楼）的工程。亚运会工程十几万平方米的任务是由三个所共同完成的，而首都机场几十万平方米的任务完全由一个所来完成，而且这又是除流程工艺以外，其他的建筑设计完全由中国本土建筑师来完成的大型机场工程，所以内容更复杂，参与的单位和人员更多。当时除马丽和我作为工程主持人外，王兵、陈晓民、吴凡等年轻同志都发挥了重要的作用。整个工程前期的审批旷日持久，到1995年才最后确定流程和建筑方案，此前由于"夺回古都风貌"的导向，对机场也曾做过若干具有民族传统建筑形式的探讨，后来随着1995年4月人事的变更，我们认为作为现代化交通设施的机场还应更多地表现时代的特点，于是在研究了修改方向以后，由王兵执笔又重新设计了航站楼的立面方案，更多地使用表现了现代化、工业化的流线型设计，经过修改的全新立面方案在1995年年底首都艺术委员会的审查会上顺利通过。在此后的建设过程中，王兵也更多地独立承担了建筑外立面的控制和技术设计。记得在大屋面的天沟设计、值机大厅的两侧山墙玻璃幕墙的设计上都遇到了许多困难，当时都是极具挑战性的，但在工程指挥部、设计方、施工方、厂家的共同努力下，这些困难都得到了较为妥善的解决，这也充分显示了王兵独自处理现场技术难点的应变能力。

　　在繁忙的机场工程和现场工作中，王兵还抽空执笔了保定中国银行、中科院北京天文台工程、奥体中心运动员楼、国家体委办公楼改造方案。前两个工程都是由其他单位完成施工图绘制的。保定中国银行建成效果还可以，我们在建成后经过保定去看过这个工程，还到行长的办公室去找行长，把行长吓了一跳，因为当时他还拖欠着设计费，看我们来了一大堆人以为是来讨债的呢！

在设计组与王兵共事的12年里，除申办2000年奥运会没有成功外，另两个实施的大工程都取得了较好的成绩。我们获得了国家科技进步二等奖、北京市科技进步特等奖，得到了时任国际奥委会主席萨马兰奇签名的奖牌。两个工程还获得了国家优秀工程金奖、建设部优秀设计一等奖以及北京市优秀工程一等奖。这些荣誉里都包含了包括王兵在内的全设计组同志们的智慧和心血。除了工程设计项目外，我们更难忘那4000多个和王兵朝夕相处的日子，那些"激情燃烧的岁月"。

因为工程项目关系，我们设计组的工作地点曾几经变迁，亚运会设计和申奥时在院科研楼十层，设计首都机场时曾在院A座六层和院外的理想大厦，还有机场的现场办公室。尽管因工作时间紧张而经常会有讨论和争论，但大家相处和谐而融洽，充满了温暖和亲切的气氛，包括中午的聚餐——吃自助餐、火锅，包括紧张工作之余的吃西瓜、喝冷饮，包括小组到颐和园去荡舟，到卡拉OK厅唱歌，逢年过节的联欢……我们看着王兵的儿子王燕嵩长大，他加班时经常带着儿子来。记得小王有一件大鲨鱼玩具，鲨鱼张着大嘴，满口白牙，不知道按到哪一颗牙齿时大嘴就会一下子合上，吓人一跳。我们都像孩子一样玩过这玩具。还有一次中午王燕嵩非要他爸爸请我们全组的同志去吃麦当劳。我们还曾经访问过王兵位于六里桥青年公寓的"蜗居"。

上图：1993 年作者与王兵在加拿大考察
下图：2002 年作者、王兵（左一）与国际奥委会委员吴经国先生合影留念

为了调研、加工、订货、投标，王兵和我去过天津、武汉、济南、青岛、珠海、深圳、南京、丹阳、保定、廊坊……我们还一起出国考察：1993 年 9 月为首都机场方案设计去加拿大多伦多，美国纽约、亚特兰大、芝加哥、洛杉矶和旧金山的机场调研；1996 年 4 月为首都机场停车和行李系统去日本东京和大阪考察；2002 年 6 月，一起去洛桑国际奥委会所在地参加体育建筑学术会议，了解有关体育建筑发展的最新动态，同时也介绍北京 2008 年奥运会的初步安排。王兵和我还同是中国建筑学会体育建筑专业委员会的成员，经常一起参加学术会议，与同行交流。

我还是比较相信人的血型对于性格的影响的。王兵和我都是 AB 型血。那时我们设计组中 AB 型血的人有好几个，因而可能共同的爱好和秉性更多一些。但王兵在平时表现出了更多的细心和热心。1993 年年初刚开始做机场方案的时候，王兵在市场上发现了一款立式台灯，价格、色彩、造型各方面都很好，于是向我们大家推荐。经过快 20 年了，这款台灯我们家还用着。还有一件事也是我必须提及的，为了我家里老人去医院看病方便，我考取了驾照并在 2005 年 7 月准备买车。王兵知道以后就把这个任务揽了下来，先是在大热天里花了大半天，陪着我和老伴去亚运村和南三环的车市挑选车型，选定车型两周后又陪着我提车和试驾，过了几天又陪我开车到昌平车管所去办理牌照，然后又领我去他较熟悉的装饰店贴膜、购买坐垫，最后又找一天把我的车子开到高速路上去跑一跑，对于我这个新手来说到现在也还没有这个胆量呢！这样，我的购车全过程中的诸多麻烦就在王兵细心指导和热情帮助下逐一迎刃而解，以至直到现在老伴和我一坐

廿四年共事　长记
亚运奥运鞠躬尽瘁
四七岁天殇　诀别
学友战友壮志未酬
痛惜　王兵英弟
早逝自撰联书此
马国馨

作者为王兵去世撰写的挽联

上车子就要念叨起王兵的好。

　　首都机场2号航站楼扩建工程竣工以后，王兵也有了更多独立表现的机会和更大的舞台，尤其是在国内两次重大的国际设计投标活动中，即"北京奥林匹克公园规划设计方案"和"国家体育场设计方案"，王兵率领庞大的团队投入了工作，都取得了较好的成绩，展现了中国本土建筑师的想象力和创作实力。尤其是国家体育场的方案评审中，最后入选的三个方案中只有建院的方案是由中国建筑师独立完成并拥有自主知识产权的，并提出了"浮空开启屋面"的新颖构思。我曾在不同场合，从独特性、戏剧性、经济性、丰富性、可操作性和可拓展性等六个方面进行过宣传和推荐。但是这个可以用来振奋民族精神、提升我国设计水准的千载难逢的机遇并未被有关方面敏感地抓住。文化自信和文化自觉的缺失使我们眼看着大好机遇丧失，真是可惜得很。虽然后来王兵和他的团队在国家体育馆的项目中又争得了一次机会（这是奥运中心区里唯一一座我国自行设计、自行施工、全部采用国产建材建设的体育馆，从设计技术上也有较大的突破），但在社会的媒体宣传和舆论上又很不给力，也让人很为之不平。

　　王兵自己曾说，要为事业"付出全部心血而无怨无悔"。我希望通过这个简短的回忆，能从平凡中发现高尚、发现敬业，从回忆过程中发现值得我们纪念的地方，从而记住和王兵在一起的日子。

2012 年 4 月 16 日

（本文为《剑锋犹未折——建筑师王兵》一书的序言之一，

天津大学出版社 2012 年 12 月出版）

朴实无华见联想

2004 年 12 月，对于联想集团来说是个十分重要的时刻，两件大事引起了业内外人士的注意。一是月初联想的 20 周年纪念大会。对于这样一个在改革开放的潮流中起步、现已迈入世界 500 强行列的企业，人们在称道其骄人业绩的同时，更强调"联想打通了中国高科技产业的发展道路，引发了中国科技界的观念变革。而这两点，比其现今所创造的 400 多亿元产值、60 多亿元税收更有价值"（周光召语）。二是联想在 12 月 8 日以 6.5 亿美元的现金和 6 亿美元的联想股票构成总价 12.5 亿美元，如加上承接债务，总计 17.5 亿美元收购 IBM 的全球台式机业务和笔记本电脑业务。这样，在全球个人电脑制造商销售排名中，联想将从第八位跃居第三位。这个"两代联想人的梦想"是一个中国企业走向国际化、努力争取全球性领导地位的一次尝试，也被评为"企业界最惊人、最冒险的并购"。这个富有朝气和活力的企业要在 2002—2004 年在北京海淀区上地开发区修建他们 9.6 万平方米的研发基地，对于承担这一任务的北京市建筑设计研究院以谢强建筑师为首的设计小组来说，是一个极具挑战性的项目。

很多参观过这一研发基地的人常常把话题一下就转入了建筑的用

联想研发基地外部远景（傅兴 摄）

材，即清水混凝土的种种，而我以为主要的挑战首先在于建筑师如何用专业的建筑语言来表现联想集团和联想人的企业文化和企业精神。联想集团董事局主席杨元庆曾写道："从一个悄无声息默默崛起的企业，一个慢慢占有市场冷静谦和的蓄势者，到如今中国 IT 业的巨擘，联想之所以成为联想，中间经历了多少艰难、阻力和风云变化！而这一切都万涓成河，凝结而为每个联想人为之骄傲和自豪的联想文化和联想精神。"这个研发基地是联想集团为应对当前 IT 产业已由创新阶段进入成本竞争阶段，如何通过自主创新储备自有科技知识产权，在研究水准上持续保持领先地位，紧跟全球 IT 产业步伐而建造的现代化科研开发中心。人们描述研发中心的建筑形式，常常从"高科技"三字入手，诸如采用与众不同的外观造型，使用不锈钢、铝合金、点式幕墙、磨光石材等流于时新的建材和工艺，或者把表现企业精神变成了建筑师个性的自我表现。但信息产业的特点在于利用信息可以储存、识别、转换、扩充、压缩、扩散、再生、分享、处理、使用、传递和计量等特性，从而创造一种以语言、文字、符号或数码为基础的文化信息，借以创造价值。这种抽象而富有逻辑性的语言特征与建筑语言有若干相通之处。建筑师在创作过程中同样也要向使用者传递某种信息，它通过营造建筑平台，通过建筑体形的组合，通过内外空间和环境，传递一种感觉和气氛。在企业内部激发研究人员的创造力，激发创造性的思维和灵感；在企业外部向广大受众表现一种科技的理性和精神，包括探索、研究和创造的能动精神，同时又表现一种人文的理性和精神，体现联想人的信念、理想，给人们以价值引导。建筑师如何捕捉这一特质并恰如其分地加以表现，也正是在参观了联想研发基地后的突出感受。

　　联想研发基地是那种面对实物比看照片更精彩的一类建筑。一篇建筑评论文章写道："联想研发基地显得平和而自信。这种平和与自信闪动在本案的设计之中，静静地宣布自己的存在，相信这就是设计师追求的境界。"这是一种朴实无华的效果。不规则的用地轮廓使院落围合式的布局严谨而有变化，规则错落的四组点式北楼单体和弧线形的南楼很好地处理了这一群体和城市的关系，而入口处的柱廊及建筑物间的通廊又使中庭的绿化和外部有较好的视觉沟通，形成内外多视点的互动和开放；庭院中曲线形水池的流动以及在西楼处曲线瀑布的跌落，也隐喻了联想人的交流和活力；开放的楼梯、走廊和富于人情味的开发空间及休息空间，都在时刻激发人们的联想。网络化、模块化的灵活研发空间与现代中国园林庭院的融合协调，以及建筑师在一些关键部位刻意强调的有传统特色的符号如月亮门、云窗等，都使人感受到这组建筑的中国特色和联想特色。

大片清水混凝土的运用可以说是建筑师在这一项目中既具特色而又艰难的选择。四万余平方米的清水混凝土的处理，不但让我们感受到建筑师在体现联想企业文化的精神方面的准确定位，即用朴素大方的材料和质感来表现一种与众不同的独特气质，同时也可以想象在做出这一决定时建筑师所面对的困难。对建筑师来说，使用清水混凝土是 20 世纪以来国外的成熟技术，著名建筑师勒·柯布西耶（Le Corbusier）、丹下健三（Kenzo Tange）、埃罗·沙里宁（Eero Saarinen）、保罗·鲁道夫（Paul Rudolph）直到安藤忠雄（Tadao Ando），都在清水混凝土的运用和技巧上积累了大量的经验，但在我国的使用和推广却举步维艰。这里面有观念和审美的原因，有技术和施工条件的限制，有经济和材料的制约……但在联想研发基地这一工程中终于获得了突破和成功。除了日益宽松和多样化的建筑大环境外，更应归功于业主、建筑师与施工方的协同努力，正可谓是天时、地利、人和缺一不可。

在业主、建筑师与施工方三方当中，我们更愿意首先肯定联想集团作为业主的远见和睿智。随着建筑和城市建设规模的扩大，一系列的经验教训和总结使人们越来越深刻地认识到：一座城市的面貌和品位，首先取决于城市主管领导的水准和格调。一座建筑的成功与否，也首先取决于业主的眼光和追求。无怪乎贝聿铭先生曾说过："在挑选工程上，与任务的规模大小相比，莫如说更为重视业主的素质，工

联想研发基地开放式走廊（傅兴 摄）

程质量好的背景取决于业主素质的高低。"在研发基地这个工程上，体现了业主和建筑师之间的默契和理解、互动与支持，当然也少不了争论。联想集团常年形成的文化和精神，通过建筑形式与材料和建筑师的构想取得了一致，并与集团提出的"简约""坚毅""在没有任何标志的情况下让所有人知道——这是联想的建筑"的目标取得共识，所以建筑师深刻的体会是："可以不夸张地讲，没有联想，就不会有四万余平方米的清水混凝土墙体的实现。"

有了业主的支持，建筑师还必须在设计图纸阶段将主要的技术细节充分考虑和解决。坦白地讲，这样要给建筑设计增加成倍的工作量。尤其在当年，许多商业化的建筑师片面追求产值和利润，一些人常是在方案阶段获得业主认可之后，在技术设计和施工图阶段就层层转包，以致最后成果面目全非。在研发基地的工程中，为了适应清水混凝土一次浇筑完成、不可更改的特性，谢强必须将可能遇到的矛盾和技术问题考虑在先。因此，这要求有细致的实验和测试，要有各方面的沟通和共识，要有从全局到细部的考虑，要有建筑手法和建筑语言上的经验和技巧，要有完善的规程和标准。据谢强介绍，为了准确无误地表现每个节点的细部做法，他们画了大量比例为 1∶50 的大样。在分缝、窗台、披水、雨水管以及每一材料变换交接处，都可以看出建筑师的构思和苦心。正是"天道酬勤"，只有这样的态度和心境才能创造优良的建筑精品。

在这一探索中，施工单位的努力更是功不可没。清水混凝土的施工及完成实际是对施工单位的技术、管理诸方面水平的全面考验，这里面包括模板的施工与技术、混凝土拌和物的控制和技术、混凝土的

联想研发基地外景局部（傅兴 摄）

施工技术、混凝土的保护和修补技术、饰面效果设计与施工技术等。可以想象在如此大面积的混凝土上要做到无明显色差，外观上明缝、禅缝和对拉螺栓孔的整齐对位，表面的平整光滑等要求是需要一种知难而上的勇气和胆识的，当然由此也推动了本行业的技术进步。负责混凝土施工的中国建筑第三施工局和负责表面喷漆的北京中铁德成喷漆技术开发有限公司都做出了很大的努力。

当然联想研发基地工程在个别地方还不够老到和成熟，如总体和个体某些建筑语言的个性上、清水混凝土的施工效果和某些细节处理上、设计各专业的配合默契上、园林绿化景观处理的特色上，都还有改进的余地。但对于北京市建筑设计研究院以谢强为首的年轻建筑师的创作群体来说，这已是难能可贵了，这已使研发中心成为"联想精神的一片诗意的栖息地"（杨元庆语）。

（本文原刊于《建筑学报》2005 年第 5 期）

筒子楼 22 年记

　　地处北京市西城区南礼士路南口的北京市建筑设计研究院里，随着改革开放后历年的翻新和改造，建院初期盖的老房子已经所剩无几了，但建院大门北边的一栋五层老楼依然故我，经过抗震加固和内部改造后已经成为建院办公室的一部分，这儿早先是建院的单身宿舍（也有部分眷宿，以下简称"单宿"）。我从 1965 年大学毕业后被分配到这里工作，在这儿前后住了 22 年。

　　单宿共五层楼，为东西向，平面呈凹字形，南北各有一部楼梯。我到院里时单宿二层为规划局职工宿舍，在北头规划局里另有一室外楼梯直通二层。南面三至四层是建院的眷宿，而北面单宿部分一层是周转客房，三至四层是男宿舍，五层是女宿舍，每间屋中随资历和每人情况不同，住入一至四人不等。我刚到院马上去参加"四清"一年，所以被安排在三楼和两位与家人两地分居的老同志一室，一个是供应室的赵志贤，老伴在河北农村；另一人是结构专业标准室的曾哲，爱人在外地（在当时条件下，想解决两地分居问题是根本不可能的）。

　　我 1968 年结婚，当时我爱人一直在北京一线地铁的施工单位劳动锻炼，是流动单位，她住木樨地西面工棚，我住单宿。婚后无房那

筒子楼加固改造后的东立面（五层电梯右面房间即为作者旧居）

种窘况让人十分无奈，休息日无处可去只好在街上闲逛，直到 1969
年我才在单宿南半部五层分得一间房。因为院里结婚成家的人越来越
多，"文革"中又没有新人来院，住单宿的人逐渐减少，而院里好长
时间没盖房，欠账越来越多，也出现了占用单宿结婚的情况，于是南
半部的眷宿就开始蚕食北面的单宿，除在三、四层逐渐扩大外，把五
层也占了一半。我分得五层朝西的一间房，17 平方米多，共用厕所，
走廊当厨房。刚分到房子的喜悦之情可想而知，因为我爱吃饺子，所
以头几个月一到周末我们就包饺子，让隔壁的华侨吴宝仙夫妇特别羡
慕：怎么他们老包饺子？

　　刚分到房子时还是挺满意的，首先是离单位近。上班前十分钟
打预备铃时下楼去单位时间都富余，误不了每天的早请示。那时上下

午还各有 15 分钟的工间操，利用这段时间回宿舍淘米，然后把饭放在走廊里蜂窝煤炉上煮，下班回去饭已经熟了。中午还能在家好好休息，这让许多住在外面的同事十分羡慕。另外房间也足够大。当时家具也简单，一张木床 46 元，花去我一个月的工资；一张书桌三十几元。而且家具上面都印着语录和口号，椅子上是"吐故纳新"，书桌上是"实事求是"，床头上是"四个念念不忘"。加上书和衣物也较少，二人世界开始时还挺宽裕，记得一次大学同学聚会还在我这房间里挤下十几个人呢！那时院里职工短期来院的亲属可以借周转房，但长住就要挤在自己屋子里了。好在那时还可以向行政科借床具，孩子刚出生时还好些，有的人家有大儿大女就很不方便了。由于这一间屋子兼有卧室、客厅、书房、餐厅、浴室等功能，所以我曾戏称其为"五合堂"。另外，在五楼南面有一个大平台，除了晾晒衣物方便外，各家都把自家养的花草搬来放在平台上，成了个屋顶小花园。我那时有几盆既好养又不用浇水的仙人掌、仙人球，由于平台阳光充分，蓄热又特别厉害，所以这些轻易不开花的仙人掌和仙人球的白花、黄花一茬接一茬，开得煞是茂盛。夏天晚上，大家都到阳台上来乘凉，大人聊天，小孩玩耍，热闹非常。

我们五层最早一共 14 户人家，有老职工也有刚毕业的年轻人，人口最多时（常住加临时）曾达到近 50 人。由于住户不是单职工就是双职工，经济水准相差无几，所以那时融洽的人际关系也很让人难忘。有什么事情、什么困难大家都会帮忙。我有时上班会忘带钥匙，于是就把一把备用钥匙放在邻居玉珮珩家，以备不时之需，可见彼此亲密无间。那时蜂窝煤的煤炉都放在走廊上，谁家的火熄了，在别家

一家三代在斗室中"筑城"

炉子上引燃引火煤就行了。而一到做饭时走廊里就成了信息交换中心，可以知晓各室的趣闻逸事，大家边炒菜边聊天，给生活平添了不少乐趣。尤其让我难以忘记的，是在我去日本学习那两年，家里只有爱人带着上小学的儿子，那时无论遇到什么难事，不管是搬家、换煤气罐，还是带儿子到医院看病，都有宿舍楼里的同事帮忙。尤其盛杏全的爱人张绍津，他在钢铁研究院工作，不是我们单位的，待人特别热情，特别乐于助人，给了我们很多的帮助，只可惜他英年早逝，到现在我们还时常怀念他。

但慢慢发现住得离单位近也有麻烦。"文革"时期，只要有最新最高指示发表，各单位就纷纷组织队伍游行到天安门广场表示拥护。那时三天两头有新的最高指示，什么"革命委员会好""要斗私批修"，都是几个字一句话，为此大家就要敲锣打鼓、挥舞红旗从单位走到天安门，然后折返再走回来。当时指示都是在晚七点播新闻时发布，院里集合队伍找人，单宿就是最方便的，来回一趟都快半夜了，久而久之心中也暗想：住在院外的人大概不会"羡慕"我们了，起码这晚上的游行他们就可以免去了。

再一个问题就是热。住在顶层，上面屋顶保温隔热不好，加上西晒，走廊里又放满了各家的蜂窝煤炉，到夏天时其热可想而知。朝西的住户都把房门打开，挂个半截布帘遮挡视线，好借点穿堂风，可对面朝东的房间无西晒，东南风又多，他们自己不热就把房门关上了，我们也不好意思让人家把门打开。那时又买不起电风扇，一台电风扇要花两个多月的工资呢！我1981年去日本学习时，电扇是我首先惦记着要买了带回来的物品。再一个就是噪声。朝西房间正对着南礼士路，在我们宿舍对过马路边就是一个上水井，每天半夜给长安街洒水的车子就在这儿加水，司机一边加水一边聊天，夜深人静，声音听得特别清楚。由于我们对水井特别熟悉，有一次半夜二炮礼堂失火，消防车急急忙忙开来后却找不到消防栓，还是我们在楼上告诉他们那儿有加水龙头呢。等洒水车干得差不多到天快亮时，公共汽车又该来了。虽然那时小汽车不多，但15路、19路公共汽车车站就在单宿楼下，早上五点多睡得正来劲儿时，头班车就开来了，进站时先是长长的刺耳刹车声，然后就是录音喇叭"15路开往动物园，先下后上"的声音。这样你也就别想睡踏实了。直到楼上的老职工分了新房搬走后，我搬到了朝东的房间，才把"享受"的这些待遇留给了更年轻的住户。

　　要说最不方便的恐怕就是用水和上厕所了。先说用水，因为这是单宿，所以盥洗台两面共有六个水龙头，其中一面的三个因为要涮便盆、洗拖布，所以刷碗、洗菜就只有用另一面的三个水龙头了，如果再碰上有一两家在水龙头下洗衣服，那就十分紧张了，常常别人还在用水，我们等不及就只能插进去先接点水。再说厕所，原设计每层两个蹲坑，一个坐桶，三个小便斗，改成家属宿舍男女合住后，小便斗就没法用了，坐桶被大家用来倒便盆，也就没人敢用了，剩下两个蹲坑就要为 14 户人家 40 多口人服务，早上的高峰时间都是无缝衔接，厕位绝没有一分钟空闲的时候，有的人实在内急又等不及，只好下楼跑到单位去上厕所。更让人恼火的是由于年久失修，下水道污水管很不通畅，经常堵塞溢出，弄得屎尿满地，上厕所靠脚踩几块砖，使出"蜻蜓点水"的轻功。如果地漏也堵了，那就变成一片臭洋了。厕所、盥洗室是楼内各户轮流值日，每户一周，但先天的缺陷让大家也无能为力，住在厕所对面的康世义常常成了义务清扫工。由于卫生条件不好，所以楼上蟑螂也特别多，除繁殖能力特强外，还爱"串门"，只要一家有了，很快就传遍全楼各家。每天夜里就是这些大蟑螂的天下，好多次我熟睡后，它们竟敢爬到我脸上来"畅游"一番。后来南方生产了喷雾杀虫剂，马上买来一用，在喷完药后没几分钟，就听见满屋子里一阵响动，然后大小几十只蟑螂都跑了出来，死在地上，看上去煞是吓人，当然这也只能解决一时之需。有时我也为住这鬼地方而恼火，但转头一想，叶如棠在没当部长以前一家五口住在"小三楼"（另一栋单宿）面积只有 12.5 平方米的房子里，住不下还要靠双层床；何镜堂院士在没调回广东以前，他爱人在建院工作，他也住这儿 12.5 平方米的房子，也是用公用厨房和厕所，想到这里倒觉得比上不足、比下有余了。

不知什么时候北京电影制片厂曾拍过一部以筒子楼为内容的电影，大家都说一定是以我们的生活为蓝本写的，还有人说我们这儿的条件比电影里描写的差多了。后来随着人员的变动，陆续有人搬出，于是大家提出改善居住条件的要求。那时煤炉早已换成了液化石油气灶，走廊里放那么多罐子很不安全，于是腾出了两间朝西的房间做公用厨房，每间供六户使用，计算机所的牛兰田和我共用同一间厨房，我俩是下了班就在厨房做饭，爱人在外单位工作，所以都回来较晚，于是被人称为天天"当牛做马"。在第一批老住户中，我的年资最浅（是"文革"前毕业的最后一拨大学生），因此承上启下，有幸又和新分来的年轻同事如张国山、高忻东、罗萍、郑玮、孟秀芬、赵福田等住在一起好长时间。在第一批老住户中，我是最后一个搬出筒子楼的。

为了改善屋顶保温，院里也决定在单宿屋顶加铺加气混凝土隔热层。谁想施工当中就赶上了雨季，那时我儿子已经越来越大，每天晚上要在屋里支个行军床，半夜里他就醒了，因为屋顶漏的水正滴在他脸上，我们没办法，只好在他脑袋上撑一把伞勉强对付过去。我们隔壁赵福田家就漏得更厉害，好像比外面下雨还大，但他不愧是搞给排水的，很快就找到了解决的办法。他找了一块像房间那样大的塑料布，靠走廊那面固定在墙角的屋顶上，靠窗户那面就把塑料布搭到窗台外，这样屋顶上漏下的水落在塑料布上之后，随即排出窗外，不管雨下多大，屋里还可照睡不误，结果引得同层的住户都来"观摩"。

参加国庆 35 周年游行的三
个孩子，右起：康世义子、
牛兰田女、作者子

　　孩子们也都是在筒子楼中出生长大的。我的小孩 1971 年出生，
为了照顾孩子，岳母、内弟曾带着小侄子来，一间屋子最多时要挤
下六个人。后来因为我们俩工作太忙，孩子三个月时就送到山东爷爷
奶奶那里，直到小学四年级才回来。那时正是孩子长身体的时候，我
们在宿舍门背后贴了一张纸，隔不久就给他量一次身高，并记录下
日期，眼看着他一天天变成了大孩子，我们离开筒子楼时他已 16 岁
了。随着家里的东西越来越多，空间越来越挤，一张小书桌更无法满
足三个人的不同需求。尤其到晚上大人要看电视，孩子要做作业，互
相干扰很大。为了让孩子集中精力，我们让他背对电视，然后把电视
静音，但发觉他又偷偷在桌子上放了面镜子利用镜子反射偷看电视。
这时宿舍楼离办公区近的优越性再一次表现出来，我每天晚饭后就带
他到办公室做作业，可以免除那些干扰，我也可以加班干点事。五层
康世义的孩子和牛兰田的孩子和我儿子是同龄人，虽然不在同一所学

校，但他们三人都很幸运地参加了1984年庆祝建国35周年的游行方队，给他们的人生留下了难忘的记忆。在游行结束后又都挤到我们屋子里看游行实况的重播（因为那时我从日本带回来一台彩电），还一起在平台上合影留念。

筒子楼里住那么多户，又是大人小孩，难免有磕磕碰碰的时候。一种是夫妻吵架，甚至动手，于是大家赶紧去劝架，而且是同情女方、批评男方的情况为多。要赶上两家大人争吵就比较难办了，弄不好就变成了拉偏架，于是就有人关上自家屋子门，装着样板戏《智取威虎山》中座山雕的口吻，大喊："别打啦！别打啦！那是我布置的军事演习！"让吵架的双方哭笑不得。而赶上小孩子吵架，一般都是家长先指责自己孩子的居多，很少有带着孩子找上门的场面。

随着改革开放，国家经济情况的改善，北京市的各单位也开始注意解决职工的住房问题。那时福利分房最常用的方法就是排队算分，把年龄、工龄、孩子数目、是否双职工等一大堆要素经过复杂的公式计算，再把申请房子的人排出先后顺序。我因为入院较晚，大学又念了六年，学历不计分，所以排分差得很远。这个时候就要"埋怨"学校干吗搞那么长的学制，和四年制或早参加工作的一比就差了好多分，一下子就要晚好多时间啦！后来一次院里分的是阜成门沿西二环路的住房，我大概排在最后一两名，剩下的住房是两间都朝西二环路的。想起住单宿朝西房间的噪声体验，我主动发扬"风格"，宁可在单宿再忍忍。当时还有个私心，想下次分房我就可以排在前面了。可不想一年后分房改政策了，把新申请的单独排队，我算是"遗留问题"，另排一队，这样我还是被排到最后。到1987年终于可以从筒子

筒子楼邻居黄蓉（左五）由港来京与原邻居合影。左起关滨蓉、陈孝华、殷殿茹、张绍津、黄蓉、康世义、盛杏全、陈颐龙

楼里搬出去了，那时我已 45 岁，虽告别了筒子楼，但筒子楼里的老住户如果见面还常要回忆起那生活在一起的难忘时光。记得在 2000 年前后，院里新来的年轻职工为单宿的住房问题有一次网上讨论，有人就以我为例子，说："你看人家马总在单宿住到 40 多岁（意思是让大家别那么着急）。"结果迎来一堆"板砖"："别老拿马总说事！那时是什么时候，现在是什么时候！"

　　搬出筒子楼后又过了 20 年，到 2007 年我们最后搬到了位于莲花池的总政干休所，看来不会再动了。儿子已出国发展，我们二老也早已年过花甲，收拾新家、整理旧物花费了我们大半年的时间，着实累得够呛，所以我曾有一首打油诗写我们的感受：

搬家

（2007 年 5 月 13 日）

年近古稀又搬迁，由陋及宽居始安。

留守二老叹微力，搬运数月效移山。

熟识旧物难抛舍，陌生新室待就班。

养老余年赖此地，且忍环路噪声烦。

最后一句是讲西三环路上的汽车噪声十分可怕，日夜喧闹不停，我们的小区紧靠西三环中路，看来住宅的噪声问题几十年来改进不大。

（本文原载于中国建筑工业出版社 2009 年出版的
《中国住房 60 年（1949—2009）往事回眸》一书）

后　记

　　北京市建筑设计研究院有限公司在 2019 年将迎来成立 70 周年庆典。作为与共和国同龄的国内著名大型设计机构，自创立以来就与我们国家和首都的发展建设紧密相关。在 70 年砥砺前行的历史中，尤其是改革开放以来的 40 年中，其在首都、全国以至世界上的一些国家建成了一大批精品，贡献了大量科技成果。为弘扬中国的主流建筑文化、构筑中国的文化自信贡献了自己的力量。

　　作为已为公司服务了 50 余年的老员工，我起步于斯、成长于斯，与公司同呼吸、共命运，同时也是公司发展历史的亲历者和见证人。回想几十年来自己所取得的点滴进步，在迎接公司即将到来的 70 周年庆典时，内心最想倾诉的话就是：感恩！感恩！感恩！

　　感恩建院这个高起点、高水准、有着深厚技术资源和文化底蕴的平台。这个充满活力的设计集体，为广大建筑师和技术人员展现自己的才华，显示自己的智慧，贡献自己的力量提供了广阔的天地和平台。这个集体，有雄厚的资源积累，有众多睿智而博学的专家学者，有坚实的技术和科研支持，有充分全面的后勤保障。正是在这个有着浓厚文化氛围的集体中耳濡目染，我才能有日后的进步和成就。

感恩建院的各级领导，他们的充分信任，为我的成长提供了宝贵的机遇。有了他们的全力支持，才能在顶层帮助我解决众多的难题和矛盾；有了他们的承担责任和大胆托付，才使自己的工作更为顺利。

感恩和我一起工作的同事，包括长辈、同辈和年轻的同志。有了他们的紧密合作、克坚解困、加班赶工，才使我们在众多紧张的"三边"工程中能够按时、按计划、高质量地完成一次又一次地挑战，并且在此过程中结下了亲密的战斗友谊。

感谢公司的管理、科研、后勤保障部门。包括管理室、研究室、供应室、行政科以至医务室、财务组、晒图室、模型组、司机组、文具库、情报组等支持部门，我们的每一项成果中都凝聚着他们的辛勤付出。

就是在这种感恩思想的指导下，我在最近的 20 年中，从自己所了解的很有限的范围内，陆续撰写和发表了一些有关公司的人和事的回忆或评论文章。这次借迎接公司 70 周年庆典的机会，选取了 25 篇文章结集出版，取名为《南礼士路 62 号：半个世纪建院情》，一方面寄托自己对建院的感恩和热爱、对前辈和同事的感激之情，另一方面也希望把有关建院的记忆加以留存，使之成为建院丰富史料记述中的一部分。

最后还要感谢生活·读书·新知三联书店，他们接纳出版这本不成熟的小书，更是让我喜出望外。三联书店是我十分尊重的一家出版单位，出版过许多我很感兴趣的高质量出版物，能和三联合作，对我而言是难得的学习体验。文章的编排顺序也听取三联的意见，由原来的按发表时间排序改为基本按文章人物的年齿为序。三联书店在出版过程中的认真负责、一丝不苟的工作态度也使我十分感动。另外在出版过程中北京建院建筑文化传播有限公司也给予了大力支持和协助。建院的老院长吴观张先生为本书题写了书名。在此一并表示感谢。

马国馨

2018 年 4 月 20 日一稿

5 月 20 日改定